U0631001

体育教学与训练方法研究

杨　光　魏　莱　张广超　著

吉林人民出版社

图书在版编目（CIP）数据

体育教学与训练方法研究 / 杨光，魏莱，张广超著.
长春 ：吉林人民出版社，2024.1. -- ISBN 978-7-206
-20817-1

Ⅰ. G807.01

中国国家版本馆CIP数据核字第202400C1Y2号

体育教学与训练方法研究

TIYU JIAOXUE YU XUNLIAN FANGFA YANJIU

著　　者：杨　光　魏　莱　杨广超
责任编辑：崔　晓　　　　　　　　封面设计：郑艳芹
出版发行：吉林人民出版社（长春市人民大街 7548 号　邮政编码：130022）
印　　刷：廊坊市广阳区九洲印刷厂
开　　本：787mm×1092mm　　　　1/16
印　　张：8.25　　　　　　　字　　数：130千字
标准书号：ISBN 978-7-206-20817-1
版　　次：2024年7月第1版　　　印　　次：2024年7月第1次印刷
定　　价：68.00元

如发现印装质量问题，影响阅读，请与出版社联系调换。

前　言

近年来，随着我国教育事业的不断发展，人们对素质教育的重视程度越来越高，体育课程作为素质教育的一项重要组成部分受到了广泛关注。学生通过体育课程的学习，能够提高身体素质，使身心得到放松，同时对日后的学习与发展也有着十分积极的影响。

高校体育教师在组织学生进行体能训练的过程中，不仅要关注教学过程的科学性，还应注重结果的真实性。体育教学是提升学生身体素质的重要手段，也是学校考核学生的项目之一，直接关系着学生的毕业成绩，是学生必须重视的问题。高校体育教师需要提高对学生体能训练的重视程度，对学生实施科学的引导。

本书对体育教学与训练方法进行研究，首先介绍了运动训练的规律，然后详细地分析了体育训练模式、体育训练教学创新以及对体育训练教学的思考，最后对大学生体育训练教学能力培养以及大学生体育训练教学实践应用进行了总结。

由于作者水平所限及本书带有一定的探索性，本书的体系可能还不尽合理，书中疏漏之处在所难免，恳请读者和专家批评指正。在此对在本书写作过程中给予帮助的各位同志表示衷心的感谢。

目　录

第一章 运动训练的基本理论

第一节 大学生体育训练教学概述

大学生体育训练改革工作对于优化大学生体育训练过程、提升大学生体育训练成效发挥着重要作用。在此过程中，需要针对大学生体育训练中训练指导员队伍、训练管理机制、不同组织机构职能的发挥以及训练模式的革新等内容，做出有针对性的改革。

一、提升训练指导员的培训水平

在大学生体育训练改革发展过程中，训练指导员专业素养、指导能力的提升是开展改革工作的关键。训练指导员在大学生体育训练过程中发挥着主导作用，而考虑到大学生体育训练的特殊性，训练指导员不仅需要具备较高的竞技体育知识与能力，还需要对休闲体育、娱乐体育、健身体育及体育训练和地方特色文化的结合等具有一定的了解。与此同时，在高校体育训练指导员队伍建设工作中，不仅需要重视体育训练指导员数量的提升，还需要重视体育训练指导员教学质量的提升。为此，针对体育训练指导员在专业素养及指导能力方面的不足开展有针对性的培训工作，是大学生体育训练改革发展中重要的一环。在此方面，高校需要构建起完善的体育训练指导员培训机制，丰富体育训练指导员培训形式，使用在职进修、脱岗培训等多元化的手段，推动体育训练指导员教学能力的提升，从而为大学生体育训练成效的提升奠定良好的基础。

二、完善学训体系与激励制度

在高校体育训练工作中，大学生需要积极参与体育训练，还需要平衡体育训练与专业课程之间的关系，从而在扎实掌握文化课知识的基础上实现自身素养的全面提高。为了能够推动大学生体育训练成效的提升，高校可以对专业课程的设置做出优化，即通过减免一些和学生专业欠缺紧密联系的课程，对积极参与体育训练并取得良好体育训练的学生给予学分奖励等方式，促使学生在处理好体育训练与专业课程关系的基础上具备更高的体育训练参与热情。与此同时，在大学生体育训练过程中，高校应当重视激励机制的构建与完善：一方面，高校在构建激励机制的过程中，需要充分考虑学生的需求，通过实现激励机制落脚点与学生需求对接的方式，提升激励机制在贯彻过程中的成效，发挥激励机制在提升学生体育训练参与积极性方面的作用；另一方面，高校需要引导学生对激励机制内容做出认知，促使学生了解参与体育训练同样是推动自身全面发展及提升自身就业竞争力的重要手段。

三、发挥体育协会的功能

大学生体育协会在推动大学生体育训练改革及提升大学生体育训练成效的过程中发挥着不可忽视的作用。从大学生体育协会的发展现状来看，较强的行政依附性及较差的机构独立性等都对大学生体育协会作用的充分发挥产生着较大的制约。因此，为了确保体育协会在大学生体育训练改革中能够充分发挥作用，高校有必要通过调整体育协会组织结构体系和管理规章制度的方式来强化体育协会的自主权。另外，在体育协会发挥自身功能的过程中，需要构建一套完善的大学生体育竞赛与联赛机制，丰富大学生体育训练成果的展现形式；针对不同的体育训练项目运用趣味运动会、全员运动会等方式，活跃大学生开展体育训练的氛围，提升大学生参与体育训练的积极性，从而为大学生体育训练改革的可持续发展及大学生体育训练成效的提升奠定良好的基础。

四、推动体育训练与俱乐部一体化发展

大学生体育训练，不仅可以以班级、校体育队为单位，还可以以体育俱乐部为单位。在推动体育训练与体育俱乐部一体化发展的过程中，高校可以将班级、校体育队的训练对象和训练资源整合到体育俱乐部当中，充分发挥体育俱乐部的管理优势，通过资源共享共建推动大学生体育训练成效的提升。与此同时，在推动体育训练与俱乐部一体化发展的过程中，高校可以经常举办体育比赛，利用以赛促训的方式，为大学生提供更多展现自身体育训练成果以及丰富学生体育比赛经验的机会，从而更好地提升大学生的体育水平。高校在利用俱乐部模式开展体育训练管理工作的过程中，需要借鉴专业体育俱乐部的管理体系与训练体系，并通过完善大学生体育训练配套设施，为俱乐部的管理体系、训练体系在高校落实提供物

质保障，从而确保大学生在俱乐部模式下的体育训练中实现自身的价值，展现自身的优势，发挥自身的作用。

综上所述，提升大学生体育训练指导员队伍素养、完善大学生体育训练管理机制、发挥高校组织结构在大学生体育训练成效提升中的作用及创新大学生体育训练模式等，都是大学生体育训练改革发展的重要趋势。因此，高校需要在大学生体育训练改革中体现前瞻性，有针对性地开展相关工作，为大学生体育训练的可持续发展奠定良好的基础。

第二节　体育教学与运动训练的关系

体育能够反映一个国家的国民生活水平和国民的身体素质，在高校开展体育教学，不仅能锻炼学生的体魄，也能为体育行业培养更多具有专业技能的人才。高校开展体育教学与组织学生进行运动训练是分不开的，体育教学和体育运动训练之间存在着相辅相成、互为表里的微妙关系。要想实现高校体育教育事业的长效发展和人才培养目标，厘清体育教学与体育运动训练之间的关系很有必要。本节首先介绍了体育教学和运动训练的概念和内涵，分析了体育教学和体育运动训练的异同和关系，其次找出了高校体育教学和运动训练中存在的主要问题，最后就高校体育教学与运动训练的合理开展提出几点意见和建议，希望能为高校体育教学改革创新提供思路参考和经验借鉴。

一、体育教学和体育运动训练的概念和内涵

体育教学是一种用来实现体育目的和完成体育运动任务的方法途径，是体育工作中最基本的一种形式。体育教学需要根据体育课程教学大纲进行教育步骤的实施，这个教学过程具有一定的组织性、纪律性、计划性和目标性。体育教学担负着为体育学生传授基础体育理论知识和相关运动项目技能、技巧的教育任务，目的是锻炼学生的身体素质，提升学生的体育素养，通过体育教学锻炼和习得的过程，逐渐培养学生的思想道德素养，实现学生的综合发展。

体育运动训练是实现一定的体育目标和完成一定的体育任务的途径和方法。体育运动训练通常是在专业的体育教师和教练的指导下，对体育运动员进行的一种高技能、高竞技水平的专项体育训练活动，是有组织、有目的的训练。这一训练过程涵盖了对运动员身体素质、心理素质、运动技巧、运动战术和思想情绪的训练。

二、体育教学和体育运动训练的异同和关系

体育教学的主要目标是让学生掌握一定的体育运动知识并具备一定的体育运动能力和技巧，实现身心的健康发展，提升思想道德素养；体育运动训练的目的具有一定的针对性，它强调对运动员开展专项竞技体育训练，实现对运动员体育运动竞技能力的提升。相比较而言，体育运动训练更具有专业性，对于运动员各相关的教练、运动设备等的要求更高。

虽然体育教学和体育运动训练具有一定的差异性，但是两者也有很多共通之处。体育教学和体育运动训练都是通过教学和训练来实现学习者运动能力的提升，只是体育教学更偏重理论，而体育运动训练更倾向于实践。高校要认识到体育教学和体育运动训练之间的关系，合理改革体育教学方法，创新教学途径，实现高质量、高水平的高校体育教学目标。

三、当前体育教学和运动训练中存在的主要问题

当前，随着我国教育事业、体育事业的发展，运动训练专业规模在不断扩大，但在专业建设、教学、竞赛等方面也暴露了一些问题。首先，运动训练专业的教学目标与社会需求有一定脱节，课程设置不够合理，教学理念也相对滞后，新技术、新方法应用不多，采用传统课堂式的教学模式较多，训运动员的学习和训练时间冲突，学训矛盾突出；其次，院校缺乏举办高水平赛事的能力，大量拥有专业技能的运动员入学后，由于没有机会参与竞赛活动，运动技能水平得不到提升；最后，缺乏参与训练和竞赛、组织和竞赛管理等实践课程，存在毕业生专业水平不高、就业困难等问题。体育教育的改革需要调动社会力量参与和激发院校的活力，通过搭建交流互动平台，进行教学、训练和竞赛的一体化改革，打造适应新形势的运动训练专业人才培养模式。

高校体育教学若想满足素质教育的要求，必须认识到目前体育教学中对教学和运动训练关系处理的不足和问题，及时采取有效措施，突破

传统教学的限制，理论联系实际，开展校际合作联盟，不断提升学生体育学习和锻炼的兴趣，提高体育教学质量。

第三节　体育运动训练的基本原则

人类在长期的生产生活劳动中逐渐形成了体育教学和体育运动训练。在高校，二者的具体差异主要表现在：体育教学的主要目的是运用正确的体育教学方式，令学生强健体魄；体育运动训练则为了培养具有专业水平的运动员。下面对体育训练的基本原则进行全面分析，从而摸索出体育教学的相关启示。

体育运动规律是人类在长期的生产生活劳动中逐步形成的，它作为一种别样的思想文化，是人类从自身的动作行为方式中分离出来的。高校体育教育教学主要是为了提升大学生的身体素质和运动能力；体育运动训练的目的主要是培养专业的运动员。不管是前者培养的教学思想还是后者培养的专业运动能力，都是为了更好地推崇体育文化。通过种种体育运动行为，可使学生资源和运动员资源更丰富，因此，体育运动训练成为很多体育院校研究的主要内容。

体育有其自身的特质和功能，是人类生产和生活的综合体现，在具体的行为和实践中表现得也各有不同。高校体育存在的意义一方面在于教学，另一方面在于运动训练，对于那些参加竞技运动赛事的人而言，主要还是在于运动训练。体育教学与体育训练不同，二者实践的特征、相关的原则和方法都不一样，这直接引发了学术界关于二者区别与联系的探讨，这种有益的探讨也有助于高校更加高效地开展体育教学，也能更好地将体育运动训练工作落到实处。

一、体育运动的相关训练

体育运动训练一方面是为了实现体育运动的目标，完成运动任务，改变体育运动方式；另一方面是通过教练的指导和运动员的学习与训练，不断加强自身的运动技能水平和提高身体素质，形成系统专业的训练模式。运动员学习和练习的内容主要包括身体运动训练和运动技能战术训练以及其他方面。为了提升运动员的综合素质水平，每个运动员都需接受良好的理论化教育，多学习专业性的运动知识——运动员的任何体能练习和教育都无法代替理论化学习。

二、体育运动训练的各项原则

体育运动训练原则是对体育运动训练过程的规律总结，是形成并开展体育训练的相关要求。体育运动训练原则必须严格按照运动训练的动作特征和运动员个人身体的实际情况执行，由教练实施教学内容、方法和目标。

（一）基础训练与专业训练相结合原则

专业体育运动旨在提升运动员的专业化技能，取得良好的运动成绩，从而使运动员形成专业化的有效技能。一般训练要通过不断地更新内容，采用多变的身体训练方法，使得在体育运动中形成技能和体能的综合提升。运动员身体的各项技能以及技能水平的改善和提升，是其运动生涯的开始，也是形成关键性运动基础、更好地完成运动的保障，为下一步的专项训练奠定了身体素质和技能发展的基础。特殊训练是在明确训练目标的情况下，根据不同体质的运动员采取有针对性的、长期的、有效的、专业程度较高的训练，以实现运动员专项技能的大幅度提升。二者的相同点主要体现在训练项目内容及部分手段，乃至训练的具体目标上，差异性比较明显。此外，一般训练主要是技能的基础积累；特殊训练是在此基础上的拔高，是对成绩的创造。二者存在目标相同、相互促进、相辅相成的关系。在部分情况下，一般训练与特殊训练的界限比较模糊，具体采用哪种取决于当时运动员的训练进度和身体情况。在体育专业化运动中，全面提升运动员的专业化技能，是实现运动员水平的关键。这需要在专业知识的学习上下功夫，并在训练中严格秉持基础训练和专业训练相结合的原则。基础训练是训练方法多样化的体现，在体育运动训练中能进一步提升运动员的专业素质和动作的协调性，不断增强运动员的身体素质和体质，在理论化学习与实践训练相结合的状态下，可以使运动员获得更大的进步；专业训练要求相对严格，必须按照运动员的特点，对专业要点和动作加以规范，明确操作要领，严格按照专业动作的训练水准执行，实现运动水平和质量专业化程度的提升。二者的主要区别在于要求、规格、目标范围及相关要求等方面。

（二）适度执行原则

该原则主要用于体育运动训练之中，针对每个人不同的体质状况以及其在运动中不同的适应情况，采取灵活多样的运动方式和运动要求，制定符合实际的、有效的训练方案，对运动员执行适度的、渐进的运动训练量的安排。对于那些体质偏胖、在快速运动中容易导致喘息不匀的运动员，可对其放宽运动时间的限制，采取适度的运动量。运动训练具有客观性和规律性，因此，要在实行过程中，注重集中运动训练和个人运动的具体差别，按照训练程序进行，保证训练的顺利进行。

（三）运动训练过程具体化原则

在运动训练中，特别要注重灵活性的训练，即要根据运动员不同的运动状态，调整运动量和强度。在运动方法的制定上，一定要符合实际，让运动员的运动承载量符合其自身的体能状态，不能因为训练超量和强度过大造成身体损伤。教练必须对每个运动专项的具体特点和决定性因素有所把握，遵循一定的运动规律和规范，从专项运动与运动员本身的特点出发，进行针对性强的运动训练。针对高校学生多、教练员少的情况，要培训教练员具备处理复杂情况的能力。教练可以尝试使用小组训练的方法和形式，减少训练方案的分散性。这样，在减轻教练工作负担的同时，也可以提升训练效果。此外，不同运动项目和同一运动项目的不同阶段有一定的差异性，需要教练坚持具体化的训练原则区别对待。

三、体育运动训练对体育教学的启发

高校的体育运动训练内容有限，引进体育运动，对丰富其体育活动内容、增强训练效果是有帮助的。从目前我国高校的体育运动现状来看，体育教学训练内容与体育训练内容的相关标准还有所出入，各大高校在目前基本上采用的都是传统的教学模式，它们的运动训练有相同的部分，也有差异性的体现。

（一）专业竞技运动训练对高校体育教学的启发

体育运动训练是专业运动实现的重要形式，大众可通过专业运动来提升身体素质，或者满足自身的娱乐和健康需求；专业运动在体育运动的支撑下，可以让人们获得更好的身心锻炼效果。但在体育健康体魄的价值观追求上，高校体育教学和专业运动训练二者的观念保持一致。专业运动训练，旨在熟悉人体技能的规律和有效使用的锻炼方法的情况下，科学地提升体育锻炼的依据，并充分发挥锻炼效果。在专业运动体系不断完善的情况下，它可以指导高校体育教学。

体育运动训练中掺杂着很多教学元素，参与某项运动训练要按照相关的原则，采取科学的训练方法，不断进行方法总结，完善训练规则，按照专业的运动方式指导高校体育教学。专业运动训练通常采取动作演示以及专业术语加强理论和实践相结合的方式。高校体育教学按照一定的教学方式和运动训练方式进行，旨在提高专业运动训练的竞技意义，加强专业性功能，不断促进高校体育教学具有专业性运动的特质。

（二）先进的科学运动训练方式对高校体育教学的启发

体育教学应该运用现代先进的科技，并按照相关知识提升教学质量。只有不断加强对学生的训练以及先进的体育器材的供应，在不断提升和完善教学条件的情况下，才能提高高校学生的综合素质，起到教学的示范作用。高校应该在体育教师更为专业化的前提下，加强体育教学知识的传授，并努力发挥其优势加强理论教化。高校体育教师应在体育教学中吸取相关经验，为科学化的体育运动训练提供有效保障。

专业的体育运动训练为高校体育运动训练和体育教学提供了更多且更有效的支撑。若想加强体育运动训练方法和相关性原则在高校体育教学中的运用，可以不断加强对体育运动工作的总结，运用最佳的教学方法对高校体育教学效果予以提升。体育教师应采取演示法和示范法，为教学效能的提升提供重要保障和基础。在高校体育教学中，方法的改良是一个重要的环节，它能给学生带来更好的学习体验，也能在不同形式的教学中彰显体育的魅力。高校体育在教学中的教学原则、方法与专业体育运动的训练在很大程度上具有一致性，应相互促进、相互借鉴，发挥教育的本质。

尽管专业的体育运动应用于高校教学显得专业性过强，但只要具有科学的训练方式、完整的训练规则，具备有效的体育训练教学知识，就都能为高校体育教学提供帮助，实现更加科学的教学效果，提升和改善高校体育教学的质量，促进高校学生的身心健康发展。

因此，高校的体育教学要注重体育训练，并尽可能早地涉及基础知识、技术，乃至指导，实现提高体育运动成绩的同时发展体育技能的目的。另外，高校体育教学在正确的体育训练的基础上实现知识和技术的共同进步，可以进一步丰富高校体育教学活动的内容。

第四节　课余体育训练教学改革

体育教学有利于促进学生综合素质的提升，是现代教育的一个重要维度。然而，就目前的教育情况来看，仍旧没有达到预期的教学效果。受各种因素的影响，课余体育训练一直以来都没有受到应有的重视，同时，由于训练条件及相关保障机制的限制，我国部分高校的体育课余训练水平较低。这些高校在开展课余体育训练时经常会出现体育竞技水平较低、体育人才匮乏等问题。其中，还有很多大学生身体素质较差，适应环境及抗压的能力较低，这些因素都在很大程度上阻碍了课余体育训练的正常开展。我们必须对此予以高度的重视，进行不断的教育探索和总结，最终推动高校课余体育训练的健康发展。

一、我国课余体育训练目前存在的问题

（一）没有对课余体育训练形成正确的认识

目前，部分高校仍没有对课余体育训练形成正确的认识，因而虽然当下课余体育训练开展得十分热烈，但没有获得良好的教学效果，甚至

有一些高校的体育课余训练仅仅流于表面。除此之外，很多高校受经费的限制，没有足够的资金投入体育训练场地以及设施的建设中，还有部分高校受社会就业问题的影响，往往只关注专业课程的教学，而忽略了体育课余训练。以上这些因素都使体育课余训练的顺利开展受到了严重的阻碍。

（二）师资力量较为薄弱

体育课余训练的教练在体育课余训练活动中扮演十分重要的角色，是整个活动的引导者。但是就目前的行业情况来看，部分教练缺乏专业的知识储备，在安排训练内容时，没有考虑学生的具体情况，只是将关注点放在训练水平或者比赛成绩上。部分高校甚至没有安排专业的课余体育训练教练，而是选派体育教师来兼任这份工作。这就造成了由于很多体育教师在早操以及体育课上已经耗费了大量的精力，因而没有充沛的精力组织学生进行体育课余训练；还有一部分体育教师由于经验不足，难以有针对性地实施有效的体育训练。

（三）体育课余训练和文化课教学的冲突

部分高校目前仍然只重视文化课，忽略学生的体育训练，认为应该将时间都投入社会紧缺型人才的培养上，而体育课余训练只会耗费大量的精力和时间，这就导致很多想要从事体育行业、热爱体育的学生失去了追求理想的机会，也导致了一定的人才流失。

（四）缺乏专业完善的体育课余训练设施

体育课余训练活动的开展需要建立在专业、完善的设施基础上。部分高校通常将教育经费用于科研上，而鲜少为体育课余训练项目投资。目前仍有部分高校的体育活动场地有限，无法安置足够的体育活动器材，从而导致难以开展有效的体育课余训练活动。

二、体育课余训练的可持续发展策略

（一）正确认识体育课余训练

高校体育教学的一个重要组成部分就是体育课余训练。各个高校的领导以及教师要在充分认识到体育课余训练重要性的同时，对体育课余训练的指导思想进行深入、正确的解读——对体育教育要予以高度的重视，对训练的基础不断地夯实——将体育课余训练真正纳入高校教育的体系之中。体育教育并不是单纯的课堂教学，相关的教师要对体育特长学生的潜能进行深入的挖掘，同时，对这些学生进行重点培养，不断强化其体育课余训练。

（二）加强师资队伍建设

高校要以发展的眼光看待问题，组织体育教师进行定期的培训，鼓励体育教师进行学习深造，加强教师之间的交流，使体育教师可以汲取其他学科或学校教师的科学且先进的教学方法，促进自身教育水平的不断提升，并能够对相关的理论进行灵活的应用，进而实现由兼任教师向专业的高素质教练的转化。体育教师在教学的过程中，要对训练的方法和模式进行不断的改进和创新，打造出独特的校园体育文化，吸引更多的学生加入。同时，还要对本校的特色体育项目进行发展和创新，不断丰富体育教学的形式和内容。如厦门大学创办的"体育超市"活动，吸引了很多学生的目光，使整个校园兴起了体育运动之风。另外，厦门大学还在对篮球、足球等传统体育运动项目继承的基础上，开设了越野以及攀岩等项目，学生可以根据自身的兴趣爱好进行选择，实现了传统体育与现代运动的一体化发展，既锻炼了学生的身体素质，也调动了学生的积极性，推动了学生身心的全面发展。

（三）增强对体育课余训练相关项目的投资

特色校园体育项目的建设需要以完善及专业的设施、场地作为支撑，这也是体育课余训练开展的基础条件。高校应扩大对体育课余训练的投资，如开展攀岩项目需要的专业活动基地，提升排球以及篮球场的使用效率，同时，需要保证夜间的灯光。体育课余训练教师可以对文化课的教学方式进行模仿，如在体育课余训练的教学活动中推行导师制，对不同的项目进行分类并成立社团，任用专业的教师定期驻守并指导学生开展相关的活动，包括安排日常活动和与训练相关的运动技能、运动安全指导等内容；还可以开放校运动会的选拔权，由大家选出有特长的学生参加校运动会，这样一来，更多的学生就能在教师的专业指导下进行体育课余训练，同时也提高了学生对体育课余训练的参与度。此外，高校还可以对本校的资源进行开发，创立具有本校特色的体育竞技项目，进而形成粉丝效应，吸引更多的学生参与进来，激发学生对体育课余训练的热情和兴趣。

（四）创新评价体系，促进体育课余训练成效的提升

创新评价体系能够有效促进体育课余训练效率的提升。任职教师在对学生体育能力进行评价时，不能只将考试成绩作为评价的唯一标准，而应对学生的全面发展予以高度重视，即重视学生的个性化发展。传统评价学生体育能力的方式过于片面，因此，要对考核评价的方式进行不断的健全和完善，评价标准要尽可能做到全面，将对学生综合素质的培养作为教学的宗旨，对学生任务的完成情况及效果进行重点考查。

总而言之，高校体育课余训练要想走可持续发展之路，就需要对教学内容和模式进行不断的创新和改进，加大师资队伍建设，增加对相关设施设备的投入力度。同时，还需要对评价体系进行创新，进而从整体上提升体育课余训练的效率，为学生的学习和发展提供良好的条件，最终推动学生的全面发展。

第五节 开展体能训练的价值

体育作为一门实践性非常强的学科，对于增强学生的体质和体能有着重要的意义。因此，在高校体育教学中开展体能训练是有着现实意义的，大学生通过体能训练会逐步提高个人的身体素质。

一、开展体能训练的意义

大学生充沛的体力和良好的身体素质是完成各项体育活动的基础，也是体现大学生健康的本质要求。高校教育由两部分组成：文化教育旨在通过对相关的知识传授来培养大学生的专业技能和优秀品质；而体育教学是通过构建大学生良好的身体素质和综合能力，为大学生的学习和生活做好保障。在大学体育教学中，体能训练教学的开展，可以有效提升教学质量和教学效率，有利于大学生更好地完成各项体育活动，全面提升身体素质。

作为大学体育教师，应该深刻地意识到引导学生参与体能训练，可以增强学生对各个方面的适应能力，有利于大学生综合素质的提升。教师切记要避免体育教学的误区，不少高校教师把提高学生的身体素质作为一个急切的教学目标，导致教学的功利性和目的性，容易造成身体损伤，反而不利于大学生体能训练的开展。大学生的体能训练是一个持续性的过程，需要在日常的教学中逐步渗透，并依据科学的指导和大学生的体质现状，逐步加大体能训练力度，平衡好体育技能学习和体能训练之间的关系，切实提高大学生体能训练的教学质量，促进大学生身体综合素质的提高。

二、开展体能训练的措施

（一）树立正确的体能教学理念，提出具体的教学要求

对大学体育教学而言，树立正确的体能教学理念是有效开展体能训练的前提。我国的体能训练是在借鉴外国得到长足发展的基础之上发展起来的。如今，大学体育教师应该立足于教学现状，树立体能教学的理念，在具体的大学体育教学过程中制定明确、具体的教学目标和教学内容；做好科学的教学指导，引导大学生积极投入体能训练中，增强大学生对体能训练的认同感和参与感；在具体的体育教学中，要以体能训练为教学重点，充分激发大学生的身体潜能。

在大学，教师要结合具体的教学项目开展体能训练。比如，篮球是一项国际性的运动，篮球推崇身体对抗，对学生的体能有一定的要求。在篮球教学中，教师首先要引导学生进行体能训练，以增强其体育参与感。

（二）培养学生的体育兴趣，引导其投入体能训练中

体能训练是一个枯燥的过程，在教学中激发学生的体育兴趣是关键，这也是引导大学生开展体能训练、提升体育素养的内在要求。基于我国大学体育的现状，教师要丰富大学体育课程，使得大学生

可以依据个人的爱好选择所需要的体育项目，从而提高大学生参与体育的积极性。高校体育在教学设计中，应该开设形式多样的体育项目，扩大大学生的体育选择范围，激发学生对体育运动的兴趣。只有在大学生对体育产生浓厚的兴趣以后，才会自觉地投入体能训练中。

大学生在体育课程选择时，应该依据个人的兴趣和身体状况，选择适合自己的体育项目，这样在体能训练中才不会出现不积极或不主动的现象。体能训练是一个需要耐力和持久力的过程，大学生必须正确认识到自身的情况并积极投入体能训练中，方可促进身体素质的提升。

（三）进行有效的教学评价，细化体能考核标准

高校体育教学应该优化评价机制，以科学化和合理化的评价来促进大学生的体质培养。体育课程的评价不应该只关注结果，忽视学生参与体育的过程。在体育评价中教师应该制定合理的考核标准，尊重学生由于体质不同导致的差异，促进学生体能训练的有效培养。合理的体育评价体系可以保护学生参与体育课堂的热情，提升学生参与体能训练的积极性，有利于我国高校体育课程目标的实现。因此，在体育教学过程中，教师要制定一套以学生实际为基础的体育评价体系，鼓励大学生积极投入体能训练中来提升身体素质，提高体育教学的质量。

在体育评价中，教师不应该只以测试结果作为唯一的评价标准，而应结合学生一学期的课堂表现做出评价。该评价应该由出勤率、平时分

和学生的综合表现组成。教师进行的教学评价旨在促进大学生体能训练的提升，也是培养大学生体育综合能力的体现。这种评价机制——重视学生的学习过程，以学生的课堂参与作为评价的参考——有利于学生真正地投入体能训练中。

总而言之，教师应该紧紧抓住"体能训练"这一重点内容，通过激发学生的训练兴趣、创造形式多样的体育教学环节来引导学生积极投入体能训练中，促进大学生身体素质的改善和提升。

第六节　学生心理素质训练

心理素质和社会的文化素质有效地结合后构成了民众的整体素质，同时，在整体的素质中，心理素质呈现出较大的能动性，不仅是社会文化素质构成和不断向前推进的基础，而且对于社会文化素质的提升具有决定性的作用。

一、在体育教学中培养学生心理素质的重要性

随着我国经济的不断发展，民众的生活方式发生了较大改变，民众对于身体的素质及要求呈现出日渐增高的趋势，并且对于身体素质的关注度在持续提升。对于新时代的学生来说，要想在社会和工作中展现较好的精神状况，就要对自身的体魄进行不断的锻炼，还要有较大的知识存储。除此以外，还要具备较好的个性和坚韧不拔的意志。只有将上述方面在

自身全部体现，才能与社会发展的需求相适应。现阶段我国实施素质教育的主要目的，是对民众的整体素养进行全面的提升，这是人类在发展过程中必不可少的一个环节。高校的主要功能是对学生进行全面的培养，让其成为对社会有用的人才。因此，高校的体育教育者对学生的身体素质提升和心理健康的培养起着较为重要的作用。在高校体育教学的过程中，研究如何有效培养学生的心理素质，具有理论和现实的双重意义。在对学生进行体育教学的过程中，通过对学生进行相应的心理教育，可以对其顽强的品质和勇敢的精神进行有效的塑造。

二、学生心理特征分析

发展性和变化性是目前高校学生心理层面的主要特点。首先，学生在生理发育过程中，逐步成为独立性强的个体，同时具有较为充沛的精力，在面对困难时能够勇往直前；其次，在社会不断发展的背景下，环境的改变让学生对理想的追求不停歇，同时，还要对其目标进行相应的调整，以此来适应激烈竞争的社会。所以，大学生的心理倾向具有鲜明的时代特征，是现实社会的真实反映。

（一）高校学生的心理展现

对于高校学生来说，其在心理层面已经呈现出相对较高的水平，同时，在思维和逻辑方面也逐步从经验性转变为理性的逻辑思维，对于事物的因果关系呈现出较高的兴趣度，但是在个别的时候还呈现出思辨能力不足的情况，对于现象的本质和内在的联系还不能够较好地把握。随着高校学生思维的改变，不断增强的独立和批判的能力，让其能够在进行自我测评后获得较好的成果。高校学生在智力不断提升的同时，其感知的能力和观察的能力也在不断地提升，且高校学生的记忆能力处于最佳的阶段，对于信息的理解已经不是单纯地进行知晓，而是通过思辨后进行有效的理解，只是或许还存在一定的偏差和主观性。

（二）高校学生的情绪和情感分析

人对社会现实中的事物产生的相应的情感和情绪，体现的方式为态度。现阶段高校学生具有丰富的情感，并且对于事物能够产生各异的态度，但是由于社会经验不足，让其对情感的体验呈现出强烈性和消逝性，较多地体现为对于事物快速喜欢后，又快速抛弃，并且在自我控制的层面往往弱于成年人。

（三）高校学生的自我意识分析

现阶段，高校的学生在进行社会生活和学校生活的过程中，将自身的品质和个性进行了有效的构建，同时也逐步形成了具有鲜明特色和个性的人生观、价值观以及世界观；其对于自我测评和教育的能力已经充分掌握，自尊心较强，自控能力较差。随着年级的升高，大学生的自信心和独立性进一步增强，有成人感，但是还存在较强的依从性，有时对于自身的能力过分自信，或在碰到困难和挫折时，不能使用正确的方式来进行处置等。

第七节 田径教学中的体能训练

田径运动一方面可以提高人体的各项机能，另一方面还可以改善与优化身体素质，是一项非常有益的健身项目。

一、田径教学中体能训练的重要性

在田径教学训练中，体能训练可以考查学生的身体机能，同时，体能训练也有助于其他项目的学习。在田径运动项目中，体能训练占据中心位置，体能训练考查的是学生的训练速度及训练耐力。与其他运动项目比较，田径项目对学生的身体素养要求更高。对学生采取有针对性以及预见性的训练，可以使学生在从基础训练转向专项训练时更加轻松，因此，对田径项目来说培养学生的体能尤其重要。

通常情况下，所有田径项目的体能锻炼都是通过专项训练来完成的。学生为强身健体、稳定心神需要做好体能训练，不断提高身体素质。如果身体素质较好可以决定学生的心理能量储备，因此，必须保证体能训练的科学性。另外，为了保证学生体能训练的有效性，教师需要对学生各个阶段的体能训练进行考查，以确保获得预计的训练效果。

二、田径教学中体能训练的策略

（一）加强基础训练

在高校田径教学中，体育教师一方面要提高授课效率，另一方面要提高学生的身体素质。在教学前体育教师需要制订体能训练计划，保证体能训练计划的科学合理性。学生在体能训练初期需要以基础训练为主，注重腿部与腰部力量的训练；为训练学生的耐力，教师可以让学生进行长跑、慢跑及沙袋跑。教师应做好引导工作，多鼓励学生，逐渐加强体能训练强度，提升学生的体能。

（二）加强式体能训练

在田径中期教学过程中，教师需要根据学生的实际身体素质来进行体能训练。每个学生的身体素质及体能训练承受情况不同，教师需要安排不同强度的体能训练，如针对体能基础比较好的学生增加短跑训练、臂力训练、双肩训练等，有效增强学生的耐力；针对体能基础较差的学生，可以让其练习下蹲、扎马步等，保证学生处于缓和运动的状态，逐渐提升学生的肌肉力量。

（三）促进教学模式多元化

在田径体育教学中，体育游戏不可或缺，它可以有效激发学生的学习兴趣，可以使体能训练内容更加丰富多彩，有效提升教学质量。教师可以改变体能训练的内容，融入游戏进行教学，让学生积极主动地去学习。

如让学生追逐跑、接力跑，提高学生的灵敏度与速度，从而提高体能训练的效果。

总之，在高校体育教学中，一方面需要加强专业理论知识教学，另一方面需要加强学生的体能训练，这样可以有效促进学生全面健康地发展，提高学生的肢体协调能力与体能素质，促进学生田径水平的提高。

第八节　体能训练的意义与方式

现阶段，我们在高校体育教学中融入了"体能训练"这一环节，相较于传统课堂，多了些许色彩，但也增加了教师的备课压力。为了让学生更充分地了解体能训练的意义，教师在课下需花费更多的时间去研究体能训练的价值及方法，只有教师内心接受和认可了体能训练的作用，才能将自己的思想传递给学生，才能将体能训练科学地运用于课堂实践。目前，全国高校的教师大多能熟练地利用多媒体辅助教学，因此，教师可以通过制作动画、视频等手段细化课程讲解，帮助学生更好地掌握知识。在这一过程中，教师也可以通过课下搜集资料和课上观察学生实际训练情况，以及课后总结的方式来提升自己的专业水平和经验，为提升教学质量打下基础。

一、体育教学中体能训练的有效方式

高校体育教师在安排学生进行体能训练活动时，要在分析学生体能基础的情况下结合不同体育项目的特点采取相应的训练法，在符合体育运动规律的前提下，逐步提升学生的体能素质。

（一）耐力训练

在高校体育课堂中，耐力训练是体能训练的重要组成部分。纵观大多数的体育竞技比赛，耐力好的运动员总是在比赛的最后一刻还能展现自己较好的运动状态。所以，高校教师应该对耐力训练予以重视。例如，篮球运动是一项需消耗较大体能的运动，攻与守贯穿整场比赛，运动员在赛场上全身心都处于运动状态，而比赛的最后阶段——耐力比拼往往是胜负的关键，会对比赛成绩产生直接的影响。在日常课堂上，教师可以通过往返跑、定点跑的方式进行训练，在反复启动、急停、摆脱的练习中提升学生的反应速度和耐力水平。

（二）速度训练

我们通常会在高校体育课上有针对性地进行两种速度训练：一种是反应速度训练，另一种是运动速度训练。反应速度考验的是学生神经系统的反应快慢，同时，体现了学生的多项综合能力。在课堂教学中，教师可以多进行一些知觉训练、身体协调训练，如不同节奏练习哑铃，快跑、慢跑不规则交替，等等。这些训练除了可以使身体更协调、更敏捷，还能增强学生的重量承受力，在肌肉的快慢交替中，促进肌肉组织产生"运动记忆"。运动速度体现的是运动技术和身体素质的结合，课堂上可以采取位移速度练习，在多次练习中逐渐加大练习难度，不断积累、提升，就会有阶段性的成果。

（三）柔韧性训练

柔韧性与运动员的关节、肌肉和软组织等都有密切关系，只有在高校体育课堂的日常训练中经常进行柔韧性训练，才能防止学生造成运动损伤。高校体育课堂中常见的柔韧性训练有主动训练和被动训练两种：主动训练是指学生在自身力量的作用下减缓关节软骨造成的摩擦力，主动进行肌肉拉伸练习；被动训练是指借助外力或是在器械的辅助下产生的训练。实际操作时，应该综合主动与被动训练的优势，将两者有机结合，为每一位学生提供适合自己的阶段性的训练内容。

（四）核心力量训练

在高校体育课堂的体能训练中，加强核心力量训练能够帮助学生提升身体的平衡感和稳定性，进而控制好整个身体。在运动过程中，加、减速对肌肉的协调和收缩都有要求，除此之外，还需要肌肉拥有较好的感知能力。而核心力量训练就满足了这些要求，能够增强学生的关节灵活性和肌肉力量。需要注意的是，在进行核心训练时，要综合考虑学生的运动强度承受力，由简至繁、由易至难、由徒手至负重一步步推进。

核心力量训练的形式和内容十分多样。在预热准备阶段，可以不使用器材。简单的肢体动作就可以满足很多身体部位的热身需要，在练习的同时可以锻炼学生的心肺功能，减轻关节与肢体部位的负荷，有效预防运动损伤。在专项内容练习中，应用相关核心力量训练时，如在乒乓球专项练习时，可以用球拍把柄立球的方法锻炼学生的平衡能力和手臂的肌肉等。在经过一段时间由易到难的核心力量训练后，学生的核心肌肉群力量将得到明显改善，做各种运动项目时会明显感觉轻松很多。此外，核心肌肉群的力量训练还具有很好的塑形功能。

二、体育教学中体能训练时的注意事项

（一）采取多元化的训练方式

高校教学中的体能训练主要是为了全面提升学生的身体素养，在具体教学中，教师要分析学生的喜好和个性，确保体能训练模式既能让他们乐于接受，又能将提升体能落到实处。这就需要教师在课前进行较多的准备工作：一是要调查班级里学生的身体状况、兴趣方向、运动水平等；二是要储备多种适合的训练方案，确保训练内容的丰富性。我国高校体育课堂常见班内分小组和集体教学两种方式。在实际教学中，学生更喜欢班内分小组的方式，这样能激发学生的竞争意识、合作精神。在小组学习的方式下，教师能灵活调配学生进行分组练习，练习时间也可以根据学生的训练效果调整，有利于创建生动、有趣又高效的体育课堂。

（二）体能训练价值意识的培养

指导学生正确选择体能模式非常重要。只有根据自身运动基础选择适合的体能训练方式并持之以恒，才能明显看到自己阶段性的进步。教师应该在课前详细讲解每一种训练模式，引导学生初步了解所训练项目的作用。除此之外，还应适当讲解与体能训练相关的文化，加强学生对学科的广泛认知，从而培养学生的体能训练价值意识，让学生感知体育学科的科学性和深厚内涵。

（三）"以人为本"，鼓励创新

高校体育教师在设计体能训练项目时，要将"以人为本"的思想贯穿始终，处处体现人性化的理念。在这个信息开放的时代，教师要与时俱进，跟上时代潮流，学习并借鉴国内外广受高校学生欢迎的体能训练模式，让体能训练的乐趣充盈整个课堂。同时，还要多听取和采纳学生的建议，鼓励学生开发思维，积极创新训练模式，多发现学生身上的闪光点。对学生的建议或是训练效果以鼓励式评价为主，然后客观分析具体细节，帮助学生不断优化训练方案，直至形成自己的训练风格；让学生成为学习过程中的主体，让学生感受到自己不仅是知识的接受者，还可以通过发挥想象力成为知识的创造者，引导学生在学习的过程中养成勤思考的好习惯。这样一方面可以激发学生的学习灵感，不断挖掘学生的潜能，另一方面还能以一种主动探索和自觉改进的方式提升学生的体能。而教师则可以在学生自主创新的同时，让学生尝试将自己的专业特点和体能训练结合在一起，增加体能训练的娱乐性，让体能训练更贴近生活。

综上可知，体能训练在高校体育课堂中具有重要的实用价值。教师在教学中要依据教学大纲创造性地进行教学，通过思想灌输和实际训练提升学生的体能素养，增进学生对体能训练价值的认识，为之后的体育运动打下坚实的基础。在实践环节要注重学生的平等地位，营造轻松、和谐的教学环境，引导学生发挥自己的智慧和才能，大胆表达自己对体能训练的看法，鼓励学生创新，以实现教学质量的优化。

第九节　训练中练习指导法的重要性

结合当前我国高校体育教学改革的实施，高校体育教学的目标需要以学生体育能力的培养为主，将基础体育知识的传授作为主要内容，全面提高学生的体育技能，使之掌握正确的运动技巧，形成良好的运动思想，不断完善我国的体育教学体系。教师在进行教学课堂内容设计的过程中，需要注重实践性，开展适当的训练内容。其中，练习指导法在全新的教学形式下得到了广泛应用，对提高我国高校学生的体育素养有着重要意义。

一、练习指导法的理论与实践

（一）练习指导法

所谓练习指导法，主要包含指导和练习两个方面。指导是指教师通过语言指导、归纳要点和分解指导等多种形式，来对教学过程中学生存在的错误内容进行纠正，对学生开展适合的体育训练；练习则是指学生在接受教师适当的教学指导之后，能够在训练过程中集中注意力，对教师布置的训练内容进行循环练习、变换练习，主动参与相关运动的游戏和比赛。体育训练教学活动课的教学内容制定需要教师具备优良的语言教学能力和肢体表达能力，能够准确地将教学和训练的重难点传达给学生。同时，教师还需要全面保障学生的体育训练安全。

（二）差异性分析

在我国高校的体育教学开展过程中，存在着理论知识和实际运动差异性的问题。这些差异性的产生主要是因为学生个体不同，体育训练教学不能采用一对一的教学方式，学生心理和生理素质存在差异，很多学生体育知识接受能力不足，等等。在进行统一体育动作的学习过程中，学生的接受情况也会产生不同，动作的完成度有高有低。因此，教师需要改变传统单一化的理论知识教学模式，通过适当的练习指导法进行体育训练，为学生今后的体育运动奠定基础。

（三）处理方式

教师在体育训练中运用练习指导法时需要结合学生的实际情况，制定具有针对性的训练方案。教师需要明确体育训练教学的重点不在于教师的知识传授，而要以学生为基础，帮助学生掌握体育动作要领，让学生在训练过程中领悟到最佳的学习方式，以此来提高训练的有效性。由于不同的学生的性格发展和生理发育有着明显的差异性，因此，教师在进行教学指导的过程中，需要充分了解学生的身体和心理变化规律，能够灵活运用不同的教学方法来开展有针对性的训练。同时，学生在参与体育训练的过程中，常常会因为身体和心理问题产生厌烦和恐惧，这就需要教师及时与学生进行沟通和交流，发现问题时采取循序渐进的指导方式来帮助学生树立运动自信心，使其主动克服体育训练过程中存在的困难，提高体育训练的教学质量。

二、体育训练中练习指导法的重要性

（一）提高学生的运动技能

在进行系统化教学方案时，教师需要帮助学生掌握基础运动技巧，通过反复地训练，来提高学生的运动技能，巩固学生的整体运动技能。传统的教学模式是通过教师的单一化指导，来让学生参与体育训练，这种教学效果很不理想，班级中的一些女学生甚至无法完成教师布置的教学训练内容。通过练习指导法的教学应用，能够改变传统教学的弊端，实现训练效果的提高。例如，在进行三级跳远体育运动的教学过程中，学生需要在准备过程中掌握跑、跳、拉伸等基础动作要领，教师通过系统化的体育训练，结合学生的实际身体素质来开展有针对性的训练内容，通过整合训练来优化学生的运动技能，全面提高个体的训练成绩。

（二）激发学生运动的积极性

教师在体育训练教学开展过程中，需要激发学生的运动兴趣。随着信息技术的广泛应用和信息产品的不断发展，很多学生将自己的课余时间用在了电子产品上，很少注重体育训练，不喜欢运动，使得身体素质显著下降，从而影响到生理和心理的健康发育。基于此，学校需要采取行之有效的手段，激发学生对体育训练的积极主动性，例如通过网络、报刊等多种形式，向学生宣传体育训练的重要性，引发学生积极思考；或者采取合理的教学措施来拓展体育项目，激发学生对体育训练的兴趣；再或者实行课时制和学分考核制，变传统的被动学习为主动训练，营造一个轻松的训练课堂氛围。

三、练习指导法的实施方案

（一）制定有针对性的体育训练内容

教师在训练内容的制定过程中，需要结合学生的实际运动情况来适当增减运动量，在满足训练要求的同时，开展具有针对性的训练，严格把控好每个学生的训练状态。练习指导法在训练过程中的应用，能够有效提高教师对学生的理解和认知，帮助学生更好地控制自己的身心发展，调整心率，轻松地完成体育训练任务。教师还需要为每一个学生提供适合他们的训练方式，布置合理的训练任务，在学生的身体素养有所提高后再结合学生的情况变化来进行适当的训练调整，即采用循序渐进的教学方式来促进学生整体运动能力的提升。

（二）采取多样化的教学手段

教师需要根据学生的实际情况开展教学，对体育训练的重难点进行完整示范。当在高校中推行新的体育运动教材内容时，教师需要先通过正确的动作示范来让学生初步了解教材的整体结构，然后再结合教学的主要内容进行分解、示范，最终让学生了解每一个动作的基本要领和运动需求。同时，教师还可以借助多媒体来对学生进行直观的动作示范，弥补实际教学过程中存在的不足。此外，教师还可以通过模仿学生的错误动作来加深学生的印象，使之尽快纠正动作。

综上所述，为了更好地促进高校体育教学模式改革，需要更新传统的教学形式，运用合理的教学方法来激发学生的运动兴趣，营造良好的教学氛围。练习指导法在体育训练中的应用，能够在帮助教师有效完成教学任务的同时，提高学生的体育素养，增强学生的体质，帮助学生掌握良好的运动技能，达到体育训练的根本目的，从而提高高校体育训练的效果，为社会培养出综合型应用人才。

第二章　体育训练的模式分析

第一节　体育训练新模式

随着我国教育的不断深化，我国的教育改革也在不断的进行，高校是国家人才的重要培养基地，因此，高校课程改革尤其需要被认真对待。体育作为学生增强体质的健身课程，对学生的健康发展具有十分重要的作用。在新时代背景下，我们要努力探究新的训练模式，促进体育教育的发展。

一、优化体育教学模式

体育是一项参与性的活动，它是素质教育的基本内容，学校只有把它和思想道德、科学文化、劳动技能等形成有机的统一体，才能体现素质教育的教学宗旨。就体育教学而言，优化体育教学模式，就是使体育教学更加重视培养学生对体育的兴趣，了解体育的功能和目的以及体育在人才成长发展和自我完善中的重要性和必要性；使学生确立科学的学习目标和良好的学习动机，端正学习态度，从而养成自觉锻炼身体的习惯；促使学生根据自己的个性，贯彻全民健身纲要，利用在校时间学会一两种终身体育的锻炼方法，树立终身体育锻炼意识，真正起到增强体质、促进学习的目的。俗话说，兴趣是一个人的学习动力来源。有了学习的兴趣，在进行学习时才不会感到疲累，进而处于高效率的状态，做事情也就更顺利。然而兴趣不是天生的，是靠培养出来的。在体育体质锻炼时可以培养学生的运动兴趣，这样看似是与体质的改变无关，但当学生有了锻炼的习惯之后，他们的体质就会得到增强。这样既可以在教学模式上做出改变，也可以对学生进行思想教育；既可以保证学生真正地进行体育锻炼，也可以从思想上培养起学生参与锻炼的意识。有了这种意识后，学生会在未来的学习道路上将其作为缓解压力的手段，真正地发挥体育的作用。

很多体育教师都不关注体育训练的娱乐性，在体育课上总是强迫学生训练。对于课上的体育训练了解得也不够全面，认为体育训练无非就是加强体能训练，平时练习长跑，进行体能训练。在这种训练模式下，有的学生认为体育训练对体育课并没有多大作用，自己平时注意锻炼身体就可以达到提高自身体能的目的。总而言之，学生对体育课的认识还很片面，对总体缺乏有效认知。体育教师要引导学生发挥主观能动性，去了解各个专业所需要的身体素质和能力，了解实用性体育对自身的帮助，掌握科学的体育训练模式，这样才能将体育精神传递下去。

二、运动训练分析

学生的思想道德素质是全面推进素质教育的一个主要方式，对于体育竞技而言更是如此。高尚的思想道德品质对于体育技能的学习是一种动力，有助于形成良好的学习氛围。因而在体育教学中要渗透思想教育，以便提升体育教学的特色，培养学生在成长中需要的坚韧品质。关于体育教学的研究有很多，对学生进行体育教学的目的也渐渐成为一种定式，即全面提高学生的身体素质。在体育教学思想的认知上，不应再把其停留在公共体育范畴之内，并仅做一般性考查而没有进行专门性的研究，而是应把其作为一门重要的学科——健康体育，高度重视。体育教学的特色应建立在健康的基础上。部分当代大学生缺乏日常体育运动锻炼的自觉性，对自身的身体素质管理也没有一个科学的理论知识指导，在这种情况下，大学体育课程的设置将以一种看似强制性的教育行为潜移默化地引导学生加强日常锻炼、促进身体机能的活化。此过程可以使一部分学生爱上体育锻炼并逐渐养成日常锻炼的好习惯。在日常的体育课程教学中，教师应根据学生所选择的运动项目对其进行专项化的训练，引导学生做好运动前的热身工作，进行专项体能训练、肌肉拉伸活动等教学活动。一个学期的体育课程学习下来，不仅可以强健学生体魄，还可以在一定程度上提高学生的身体素质，这才是大学体育课程设置的本质体现。对于高校体育训练的改革来说，一方面，教学内容是教学目标得以实现的载体，在不断适应现代社会发展需要的过程中，教学目标也在不断改革和优化。另一方面，教学目标决定着教学内容的选择。首先，教学内容要根据教学目标和教学任务来确定，充分体现体育教材的针对性和时效性。其次，在课程改革中，教育部对学校的体育课程进行了细致补充，增加了部分体育项目，明确了体育课程作为大学生公共课程的重要性。这样既保证了学生在体育课上的训练热情，又对高校体育的教学提出了新的要求和标准，进而适应社会需求，发展高校体育。

三、体育训练新模式的具体操作

目前，高校的体育教学的目的除对个人体质进行提升之外，还要注重使其掌握专业锻炼技能的基础。例如，通过体育专业性、针对性的练习来提高学生的身体素质，并侧重某一方面的训练，如注意力、集中力、专注力等，有助于在日后的工作中产生极好的耐力，更有助于学生提高以后在岗位上的专业能力，更好地适应工作需要。高校体育课程设置应该与专业产生内在联系，而不能单纯地强调集体锻炼、素质提升，应该形成"运动＋专业"的组合形式，设立以人类基本活动为中心的综合性课程，让学生了解不同运动对未来工作的益处。

（一）教师多说一些鼓励、夸赞学生的话语

大学生也有爱玩的心理，而且这时他们争强好胜，都想成为最好的、让教师另眼相看的好学生。所以学生会尽自己最大的努力把一些事情做到最好，然后想要得到教师的夸赞。如果他们没有接收到教师喜欢他们或者欣赏他们的信息，就会感到一股强烈的挫败感，进而会失去信心，之后会对周围的一切感到畏惧，不敢去尝试，不敢去做自己喜欢的事情。所以，教师要时不时地多说几句夸赞学生的话语，培养学生的自信心。

当然，有了奖励制度，也要有惩罚制度。然而这种惩罚不同于体罚，是用一种比较轻松愉快的语气，去指出学生所犯的错误，或者做得不太理想的地方，指导学生去改正。学生面对这种情况时，会在心中激起斗志，然后不断地鞭策自己，争取下次做好。

（二）布置课堂训练任务时激励学生

在体育课堂上，教师在给学生布置任务时，一般不要用命令的语气，因为这样容易激起学生的叛逆心理，学生不易与教师配合。如果是比较复杂的任务，学生完成起来本就会很吃力、很困难，教师再采用强制的语气、严厉的手段，势必会打击学生的自尊心，而且学生的学习积极性也会下降，所以给学生创造一个比较轻松的环境非常重要。教师可以用朋友的口吻问："今天的知识有些难，大家都学会了吗？大家都掌握了吗？"这样说不仅会让学生很乐意去完成任务，还可以让那些完成这项任务有困难的学生主动去和其他同学交流，进而成功地完成教学任务。

高校体育要在教学实践过程中结合《体育与健康课程标准》的目标体系，将加强学生身体素质、加强高校体育创新、加强改革教育课程、全面贯彻落实"以人为本"的观念作为重中之重，全面树立学生对实用型体育的正确认识，努力培育并发展学生胜任社会工作的能力。开展新的体育教学模式对于我国大学生的发展来说是一个有力的保障。在社会改革的大背景下，我国高校的体育训练也需要进行改革，传统的训练方式不再适合当代教育的发展理念，也无法满足学生对体育运动的需求，这就要求高校体育教师要在课前制订训练计划，做好新的教学方案，努力提高学生的学习热情，尽可能地帮助学生消除对运动训练的反感，这样不仅能提高学生的学习成绩，还可以提升教师的教学质量。

第二节　体育教学引入拓展训练模式

拓展训练模式，又被称为拓展运动、外展训练。在体育训练中，拓展训练是为了不断提高训练者的体魄与体能，使其不断主动地接受挑战以提升自己。近些年来，拓展训练模式不断应用于高校课程中，尤其是体育课程。

一、拓展训练模式的应用意义

（一）培养高校学生强大的心理素质

心理学家认为，人在受到一定的打击后所展现出来的自我修复与自我适应能力即自己的心理素质，而拥有强大心理素质的人，能够接受好的与坏的结果，并不断在其中成长。显然，在拓展训练中，许多训练项目都能够培养训练者的心理素质，提高并增强其抗压能力，培养其逆流而上的顽强拼搏精神，这也正是高校体育教学的目的。

（二）培养高校学生的团队协作意识

在《奥林匹克宪章》中有这样一句话："每一个人都应享有从事体育运动的可能性，并且不受任何形式的歧视，在其中要能够充分体现互相理解、友谊、团结以及公平竞争的奥林匹克精神。"因此，在体育运动中，不断提高成员与队伍的融洽度，同时，以友谊精神、团队协作、公平竞争意识去取得每一次体育竞争的胜利，这正是现代奥林匹克精神所提倡的。

拓展训练模式的运动项目最为看重的就是训练者的团队协作精神，因此，在该训练模式中，培养高校学生的团队协作意识，能够更好地发扬现代奥林匹克精神。

二、拓展训练模式应用于体育教学的策略

（一）在思维理念中融入拓展训练模式

对于现代教育而言，突出学生的主体性地位，将教师转变为辅助地位，已经成为大势所趋。而在体育教学中，拓展训练模式是能够符合现代教育的基本目的的。在体育教学的思维理念中，教师要积极转变传统的生硬式的教学模式，要在训练模式中使每一位学生积极参与其中，并使其在其中获得强烈的参与感；尤其应注重培养学生的团队协作意识，不断摆脱原有的体育教学思维理念，更好地将体育教学与拓展训练进行融合。

（二）在教学环节中融入拓展训练模式

在传统体育教学中，教学环节通常分为三个阶段：第一阶段为准备阶段；第二阶段为活动阶段；第三阶段则为结束阶段。这三个阶段都是以符合人体体能活动发展的特点进行设计的。拓展训练模式不仅能够对这三个阶段进行应用，同时，还可以增设其他环节，比如趣味游戏环节与竞争环节。这些环节的开展能够不断提高学生在体育教学中的积极性，同时，能够激发学生之间的互学互助的热情，加强合作与沟通，这些都符合培养学生奥林匹克精神的目的，其应用意义显著。需要注意的是，

在体育教学环节中应用拓展训练模式，需要教师拥有优异的业务能力去注重每一道教学环节的设计。

（三）在目标管理中融入拓展训练模式

20世纪在维也纳诞生了一位著名的现代管理学之父，他就是彼得·德鲁克大师。他在自己的书中曾经提到这样一个故事：有三个石匠在干活，有人问这三个人都在干什么。第一个人说："我在谋生。"第二个人说："我在做最好的石匠工作。"第三个人则说："我在建造一座富丽堂皇的大教堂。"从现代目标管理的角度分析，第一个人显然没有目标，他只为生存能够拿到工资，他的主动性与创造性没有得到激发；对于第二个人来讲，即使他拥有远大的志气，但是他的思想只囿于本职工作中；对于第三个人来讲，他有着明确的目标。这就是目标管理的重要性，也是德鲁克所提出的重要理念所在。对于高校体育课堂来讲，需要不断地在应用目标管理中提升其教学质量，更好地进入拓展训练模式，而这也是现代体育教育所提倡的根本。

在高校体育教学中，摆脱传统教学模式、积极引入拓展训练模式，不仅能够进一步激发学生的学习兴趣，还能够培养学生的奥林匹克精神，真正以团结、合作、友谊、公正的理念去发展体育、学习体育，从某种程度上为现代体育提供丰富的教学理论与教学应用成果。

第三节　课余体育训练社会化模式

近年来，我国的教育事业开始形成了面向世界的发展趋势，高校也进行了多方面的教育改革。随着时代的发展和进步，高校的教育也呈现出更加社会化的发展趋势。比如 2008 年北京奥运会在我国顺利举行后，竞技体育在我国得到了迅速发展，进而加快了我国的体育教育事业的形成和推进。但是我们必须清楚地认识到，国家对高校的体育教育资金投入是有限的，因此，高校必须依靠社会力量进行补充，以社会力量促进课余体育训练的发展。事实和实践证明，课余体育训练朝着社会化的模式发展是可行且意义非凡的。

一、课余体育训练社会化模式的形成

中华人民共和国成立后，随着我国高等教育的逐步兴起，学校课余体育训练也初步形成，然而当时的课余体育训练比较零散，课余体育训练的组织、训练和比赛大多是由各高校自主进行的。这段时间培养出的一些大学生运动员，成为后来组建各省市专业队和国家队的"基石"。至此，我国高校开展的课余体育训练的目标和价值是以服务群众体育和大众身体健康为主要取向，旨在促进学生全面发展。1986 年，原国家教委和国家体委联合颁发了《关于开展课余体育训练，提高学校体育运动技术水平的规划》的通知，它成为学校课余体育训练的重要指导性文件。也是从这个时候开始，教育部门将课余体育训练的功能定位为重点培养高水平的运动员，忽视了课余体育训练服务于群众体育的价值，导致竞技体育的"快发展"与大学生体质的"快下降"。这引起了社会各界的广泛关注，于是后来相关部门陆续颁布和制定了《关于开展全国亿万学生阳光体育运动的通知》以及《关于加强大学生体育增强大学生体质的意见》等政策文件，进一步明确了对课余体育训练功能的定位。近年来，随着经济社会的不断发展，社会在赋予高校课余体育训练更多功能的同时，也提出了更高的要求。为了更好地促进高校课余体育训练的发展、提高课余体育训练效率，有教师提出社会化的发展模式，这为培养大量的复合型体育人才指明了方向。

二、课余体育训练社会化模式的实践意义

（一）有利于提高学校的体育训练水平

学校课余体育训练不仅仅具有锻炼学生身体的目的，还肩负着培养体育人才的重任。因此，高校不仅要有较好的体育设施基础，还要有与之相配套的软件设施，也就是相应的体育师资力量，只有这样才能真正提高学校课余体育训练的效果。所以说，学校课余体育训练走社会化的发展模式，有利于提高学校的体育训练水平。

（二）有利于培养更多优秀的体育人才

我国一直以来都在朝着素质教育的方向不断努力，高校开展课余体育

训练既可以丰富学生的学习生活，又可以提高学生的身体素质，锻炼学生吃苦耐劳的品质，为我国培养优秀的人才。同时，在课余体育训练活动中，也可以间接地为我国培养出更多优秀的体育人才，这在一定程度上也促进了我国体育事业的发展。

三、课余体育训练社会化模式的开展现状分析

笔者经过调查分析发现，高校课余体育训练实行社会化模式以来取得的成绩可圈可点。比如，高校的竞技运动水平得到了大幅度提高，高校的体育工作得到了全面开展，这些在一定程度上提高了高校的声誉，扩大了高校与外界的交流，极大地丰富了校园文化。但是，在课余体育训练过程中也存在一些问题，比如部分高校把课余体育训练的功能片面地理解为培养高水平的运动员，主要目的是让他们能够去参加重大比赛，为校争光，于是急于求成、拔苗助长，把更多的精力放在了应对比赛上，忽视了课余体育训练的其他功能。

四、课余体育训练社会化模式的发展策略

（一）积极寻找企业赞助，建立稳定的校企合作关系

纵观世界各国的重大体育盛事，不难发现，这些运动赛事都离不开商业支持和企业冠名赞助。它们很好地把"企业"这个社会资源引入体育运动当中，为体育事业做出了不小的贡献。笔者认为，高校要想促进课余体育训练社会化模式迅速发挥作用也可以借鉴这一方法。这就要求高

校领导打破固定思维模式，善于抓住机遇，引导学校体育课余训练走向社会化发展；积极利用自身的品牌效应和人力资源去吸引更多的社会资源，用体育活动的冠名权吸引企业宣传自身，进而引来企业的资金支持，提升高校的体育训练条件。事实上，通过这样的方式建立起稳定的校企合作关系是一种双赢——既促进了高校体育训练效率的提高，又带动了企业自身的发展。

（二）加强与其他学校的交流，建立和谐的协作关系

在推进高校课余体育训练社会化的发展过程中，我们必须坚持走整体发展的道路，也就是要加强同地区甚至跨地区的高校之间的交流合作，以整合教育资源达到优势互补。笔者认为，高校通过与周边其他学校之间的联合，能够取得扬长避短的优势。例如，自身的校园面积有限，在建设室内篮球馆的时候可能会受到影响，此时，就可以与相邻高校协商共同建设并共同使用。这样不仅可以集中优势发挥各自学校的长处，又可以加强高校之间的沟通交流。除此之外，在日常课余体育训练活动中，也可以组织两校或多校进行友谊比赛，交流训练心得，探索提高训练成效的策略，共同促进我国体育事业的进步。

（三）与周边社区加强合作，建立现代化的体育俱乐部

随着人们生活方式的转变，越来越多的人开始注重自身的身体健康，开始养生、健身，这为高校课余体育训练社会化模式的发展提供了便利。高校可以与周边社区等建立互助合作关系，共同建立体育俱乐部等，利用

现有的教师资源，对社区人员进行指导锻炼，同时也可以解决场地不足、经费短缺的问题。毋庸置疑，高校要想实现课余体育训练社会化发展模式，就必须面向社会，为社会服务。因为社会的资源始终比高校多，高校要想在有限的资源环境下提高体育训练成效，就必须加强与外界的合作。值得注意的是，高校不能一味地向社会索求，还应当对社会有所回报。比如，高校的体育设施可以对外开放，也可以邀请校外企业冠名支持比赛，还可以与社区开展各种体育知识相关的系列讲座，从而共同推进高校业余体育训练社会化模式的深入开展。

（四）聘请优秀的体育教练，建立社会体育辅导员队伍

高校要想培养更多的体育人才，还要拥有素质过硬的体育教练。对此，高校可以聘请一些社会上或者体育界的专家或运动员，将他们补充到自身的教师队伍当中，切实提高学生的训练质量。之所以强调要聘请专业水平较高的教练，是因为体育训练本身的专业性较强，需要有专业人士进行科学指导，如果一味地沿用普通体育教师的训练方法，可能很难收到较好的成效。因此，高校可以结合自身的实际情况，积极挖掘社会上的优秀体育教练，建立一支社会体育辅导员队伍，为学生的体育训练提供更好的发展空间。

总之，学校课余体育训练实行社会化模式是一种必然趋势，高校应予以重视，并在抓好教体结合的同时，采取各种方式将学校课余体育训练逐渐推向社会，并争取企业带来的各种形式的资助，这样才能为我国

培养出更多高素质的体育后备人才。

第四节 体育场馆经营管理模式

高校体育场馆是为了满足学校师生的体育教学、运动训练、运动竞赛以及日常的体育活动建设的场所。随着高校体育场馆功能的逐渐多样化，在高校体育场馆作用不断增加的同时，其经营管理中存在的一系列问题也亟待解决。本节在对我国高校体育场馆经营管理现状研究的基础上，深入探讨高校体育场馆的经营管理模式，分析各种经营管理模式之间的差异，旨在探究高校体育场馆在经营管理中存在的不足，并针对其不足之处提出相应的运营与管理策略。

一、体育场馆经营管理的基本模式

经营管理模式是企业或组织经营管理的方法论，是在企业或组织内，为使生产、营生、劳动力、财务等各种业务能按照经营目的顺利地执行、有效地调整而进行的一系列管理、运营活动的方法。目前，总体来说，我国公共场馆的管理模式主要包括两种，即行政型管理模式和经营型管理模式。这两种管理模式的区别主要是：行政型管理模式的经费来源是由国家统一下拨的，而经营型管理的经费来源是多元化的；行政型管理模式的业务活动由上级下达，经营型管理模式是完成任务后可多种经营；行政型管理模式的分配方式是固定工资和福利，而经营型管理模式的分配方式是工资加奖金等。

当前,我国高校体育场馆的经营管理主要采用行政型管理模式,其主要目的是满足学校师生教学、训练、竞赛的需要,并不是单纯以经营为目的。高校体育场馆经营管理在行政型管理模式下又主要分为体育部门管理模式、物业化管理模式、单位协作管理模式等。体育部门管理模式,能充分发挥体育部门的自身特点和专业优势,最大限度地满足教师的体育教学、运动队的专业训练以及学生的课外体育活动。但是这种模式也存在缺点,即教师在承担繁重的教学、训练任务之余,还要兼顾体育场馆和人员的管理,工作难度系数较大。物业化管理模式是指高校成立专门的体育场馆管理部门,实行专职人员负责制。这种管理模式同样把满足学校教学训练放在首位,然后适当地对外有偿开放。这种管理模式的优点是专业化、规范化;缺点是管理部门为了平衡体育场馆的运行成本,会进一步强调创收与体育部门之间由于体育场馆的使用造成协调不顺的问题。单位协作管理模式,也称混合式管理模式。这种管理模式是体育部门与物业共同管理高校体育场馆的一种模式。除了上述三种场馆管理模式之外,有些高校还采用集体承包或者是个人承包的方式等,学校与承包方就体育教学与经营创收之间的问题进行协商沟通,达到双赢的目的。

二、体育场馆经营管理模式存在的问题

高校体育场馆与社会中的体育场馆相比较,资源较丰富,无论是总体规模还是人均占有率都较高,但是在经营管理模式上存在较多问题,主要

包括以下几个方面：第一，体育场馆的经营管理较差，缺少专业的体育场馆经营管理人员。部分管理人员学历不高，对体育场馆管理缺少理论支撑。这些原因在一定程度上影响了体育场馆管理。第二，体育器材设施的耗损。高校体育场馆对外开放，会导致体育器材设施受损程度加快。运动器材的使用不当造成损坏是经营过程中出现的主要的问题，体育场馆对外开放会在一定程度上导致维护费用的增加。第三，经营管理制度落实情况较差。虽然在体育场馆中都会有管理规章制度，但是有些制度的落实情况不太理想，主要原因是管理制度的自主性较差，可操作性、规范性有待提高。第四，体育场馆对外开放存在较大隐患。这些隐患主要是由校外的活动群体的复杂性带来的安全问题。

三、体育场馆经营管理模式的优化对策

（一）改变体育场馆的经营管理策略，进行理论创新

体育场馆经营管理模式应与体育场馆的作用相一致。高校体育场馆在满足学校师生正常的教学、活动之外，也应积极对外开放，满足社会成员的运动需求，这应该是高校体育场馆作为公共体育设施的一种基本功能。另外，高校体育场馆经营管理需要更为先进的理念，我们应该解放思想，不断进行理念创新。

（二）加强经营管理培训，提高体育场馆工作人员的素质

高校体育场馆的经营管理应该立足于科学规范，其中，最主要的工

作是对场馆管理人员的管理。管理人员自身的道德修养和业务水平将直接影响体育场馆经营管理的好坏。基于此，高校应该寻求一批能够兼容体育与管理的全方位的人才，采用专业的管理模式，确保高校体育场馆的高效运转。

（三）改善体育场馆管理制度，加强制度执行的有效性

高校体育场馆中的管理制度应该根据自身的基本情况，依托于体育法规制度，使学校的体育场馆管理向着规范的方向发展。此外，高校应结合学校各个部门的具体情况进行多角度的考虑、多层次的分析，形成综合的管理制度，以便更好地对体育场馆进行经营管理。

（四）确定合理的收费标准，制订可行的开放计划

高校体育场馆的特殊性，决定了其经营管理与社会中的商业经营存在着很大的差别。高校体育场馆在对外开放时应该考虑自身场地的基本情况、本地区的经济发展状况和所面向的社会群体成员的经济承受能力等各方面的因素，进行合理的经营管理；应该根据本地区经济发展的规律，确定合理的收费标准，制订可行的开放计划。

（五）须以长远的眼光来经营管理，走可持续发展的道路

高校体育场馆在满足学校正常的教学、训练、比赛的前提下，应努力创造更好的经济收益，做到"以馆养馆，以场养场"的同时，还应创造更多的经济效益和社会效益，促进高校体育事业的可持续发展，为学

校的整体发展服务。

高校体育场馆资源丰富，但是现在大多数的体育场馆经营管理模式存在一定的问题。为了能够充分利用高校体育场馆，现行体育场馆管理模式存在的问题亟待解决。不同学校在选择什么样的模式来经营管理体育场馆时，不能主观地、机械地照搬其他学校的模式，而应该从体育体制、本地区的特点、本校的特点和场馆自身的特点选择适合的体育场馆经营管理模式，即从实情出发，找到既符合自身实际需求又尊重体育规律的管理模式，以求充分发挥体育场馆的效用。

第五节　体育教学中的翻转课堂模式

翻转课堂是教育改革的产物，作为一种全新的教学方式，翻转课堂为提升学生的学习积极性、减少课堂时间浪费、提升教学效率起到了促进作用。高校体育教学中应用翻转课堂教学模式，可以改变传统体育教学当中学生参与度不高、教师监督不到位导致学生体育成绩和身体素质得不到提升的状况。本节主要围绕高校体育教学中翻转课堂教学模式的优点，为构建新型教学模式、实现高校体育教学效率的提升提出可行性建议。

一、体育教学中应用翻转课堂模式的重要性

（一）激发学生学习的积极性

如今部分高校体育教学采取的仍是传统的授予式教学，也就是靠教师

讲授、学生听讲的方式为学生提供体育教学。学生的记忆能力有限，具体操作时难免会有记忆出错、训练不得法的情况，学生在训练过程中就难以掌握技巧，学习起来更加吃力，进而导致学生对体育学习失去兴趣。翻转课堂教学是将课堂的主体转移到学生身上，提升学生在课堂上的参与度。教师根据学生的学习进度制定一系列训练任务，学生在完成训练任务的同时掌握知识技能。通过完成一个个小任务，学生的自信心增强了，学习也就更有了积极性。

（二）增强师生互动

翻转课堂的使用完全颠覆了传统的教育方式，该教学模式的应用使得学生成为课堂的主体，减少了学生对教师的依赖性，教师在课堂中成为监督者和引导者。翻转课堂缩短了学生听课的时间，使得学生训练实践的时间变长，教师有更多的时间为学生提供指导，师生之间的交流更加密切，有利于教师更好地教授知识技能，也有利于师生交流互动，改善教学气氛，同时提升教学的效率。

（三）内化教学内容

翻转课堂是通过将课堂重心转移，让学生自己探索知识、解决问题，在完成任务的过程中获取新知。通过这种教学模式，学生对知识点的记忆更加深刻。在翻转课堂中，学生需要对学习的知识内容进行课前预习，课堂上通过师生互动或者小组学习探讨知识点，让学生对知识点进行消化。该模式减少了教师上课时过多讲述造成浪费的课堂时间，教师讲课更加精练，学生更能抓住重点，记忆也就更加清晰。

二、体育教学中翻转课堂模式的构建措施

（一）完善教学机制

首先，翻转课堂教学分为线上和线下两部分。它通过将信息技术与实际教学相融合，实现教学效率最大化。由于通过让学生利用电子设备或者其他的资料查询途径获取信息，因此，翻转课堂对教学平台有着一定的要求。现今可以作为教学用的电子设备有多媒体设备、计算机、手机等。学生可以在各种教学平台上进行听讲、练习、考核，也可以通过教学平台与教师交流沟通。

其次，翻转课堂应用到体育教学当中，学校应该就新的教学模式制定管理机制，优化教学模式。翻转课堂在应用初期会存在一定的不适应现象，这需要学校管理人员针对不适应现象分析产生的原因，采取改善措施，使得新的教学模式更加适合实际应用。

此外，翻转课堂在体育教学当中推广使用之后，学校应该就新教学模式的应用制定一系列的评价考核制度：一方面，考核学生在新教学制度下体育成绩和身体素质有没有得到提升；另一方面，可以考察教师是否真正落实了新的教学制度，并根据具体的应用情况制定改善方案。

（二）提升教师的整体素质

教师的整体素质决定了教学的质量，在翻转课堂进入高校体育教学

之后，教师不仅需要完善自身的知识储备，提升教学能力，更重要的是要与时俱进，掌握新型教学工具的应用。高校管理者应结合当代高校体育教育的要求，提升教师获取信息、处理信息以及应用信息的能力。在现实教学当中，教师要不断加强对多媒体、互联网的应用能力，只有熟练掌握网络平台的使用，才能为学生提供良好的体育教育。

此外，提升教师的整体素质可以通过建立培训机构的方式来实现。学校应该加强对教师个人发展的关注，完善对教师能力的考核制度，在考核中不断提升教师的能力；学校还可以通过委派教师到先进学校中实习，吸取其他学校的经验应用到现实教学当中，达到提升学生体育成绩和身体素质的效果。

（三）充实教学资源

体育教学由于其操作性强，对体育技巧的掌握和身体协调能力的提升有着很高的要求，因此，在教学过程中必须保证教学资源充足才能保证学生能力的提升。体育教学资源一般包括教学素材和训练素材，不同的训练项目有着不同的素材要求。首先，教学素材指的是理论教学中可能用到的多媒体设备以及视频平台，学生通过观看视频的方式吸取经验，在互动当中不断提升体育技巧，从而达到强身健体的目的。其次，训练素材。根据学校的训练要求，训练素材至少要满足一个班学生的训练要求，才能保证每个学生都有训练的机会。除此之外，还需要保证训练设备的质量，避免学生在使用过程中由于器材故障导致受伤。

翻转课堂对改变体育教学现状、提升体育教学效率具有促进作用，它的教育理念和教育方式可以很好地解决高校体育教学课堂中练习时间短、教学不充分的问题；学生通过观看视频，在线上与教师交流，可以解决日常训练中的困难，改善师生之间的关系，使得教学环境更加和谐，实现体育教学的可持续发展。

第六节　体育教育专业创新型人才培养模式

体育的蓬勃发展是由体育竞技带动的。我国高校尽管对于体育人才的培养出现了不同的观点，可随着高校注重体育教育专业的开展，大家发现并没有像一些专家所担心的那样，影响到学生文化知识的学习。下面笔者就分析一下高校体育教育专业创新型人才培养模式的各个方面。

一、认识体育创新型人才

（一）体育创新型人才团体是一个开放的系统

不管是在体育人才来源还是年龄或者知识水平等方面，体育创新型人才都是一个开放的系统。体育创造型人才可以是国家专门培训的职业队员，也可以是社会上从事其他工作的热爱体育人士。大家在历届奥运会中可以看到，许多非国家队队员也能在某些项目上取得优异成绩。中国有些大学体育专业的选修课中增添了太极柔力球，而它的创始人就是一名普通的教师。他们不可否认地被视为体育创新型人才，这就说明体育创新型人才不是体育职业者的"专利"，而可以社会各界人士。

另外，之所以说体育创新型人才是一个开放的系统，主要是指体育活动方式上。在实际生活中，许多成功的体育教育者能取得良好的教育成果，不仅仅依靠一味地锻炼来对学员进行身体的磨炼。他们更重视采取综合的教育方式，把体育教育与基本知识、心理培训、课外项目相融合，进而促进体育创新型人才的诞生。人的肢体活动具有一定的相通性，例如一些球星，大家看到他们不但篮球打得好，橄榄球、足球等其他体育活动也成绩斐然，这就是体育本身蕴含的哲理——不是苦行僧式的训练，而是开放的培养机制。

（二）体育创新型人才是一个综合的素质系统

1. 个性与共性的综合

球王贝利曾经说过："任何一个顶尖的球员绝对不敢夸海口说自己为球队得了分，每一次进球都是别的队友在合适的时机把球传给了自己。"所以真正的体育人才绝对不是在拼搏中展现个性，他身上带着的团结精神是一个体育团队的共性。纵然一个创新型体育人才开创了一个新的体育项目，或者把体育运用扩展到了新的领域，人们仍旧可以看到这项创新上面的普遍性，看出它是由哪个基础上而来的。因此，创新型体育人才作为体育人士，本身具有一些共性，但是又在共性中展现了自己的个性，这是对创新型人才认知上的基本要求。

2.文化知识与体育的综合

文化知识是一个工具，它可以深化人们对社会的了解，激发人们的好奇心，最重要的地方就是让人科学地开展活动。现代体育的发展，不单单对运动员体质有了较高的要求，在处理饮食上是否科学、进行训练的时间是否合理等方面都对体育人才提出了具体的要求。对于高等院校来说，本来就有传播文化知识的良好环境，所以对于创新型人才培养有很好的"土壤"。更重要的是现在的体育提倡的是经济体育与文明体育并重，所以文化知识与体育的结合已经成为现在体育创新型人才培养的重要内容。

二、构建体育教育专业创新型人才培养模式

（一）高校体育教育专业创新型人才培养需求分析

一方面，当体育专业毕业生走向社会就业时，人们首先想到的就是体育领域，而事实是许多用人单位也对高技能、高水平体育人才特别青睐，这是社会就业的需求。另一方面，随着经济的发展，民众越来越关注自己的身心健康，希望借助日常锻炼达到健身和长寿的目的，这样就拓宽了体育生的就业面。乐观来讲，在全民健身上，全社会都面临着对专业体育生的需求。

然而传统体育专业训练内容进入健身领域非常难，不能很好地适应现代社会的快节奏。这就需要在原来所学的体育基础上进行创新，这样才能让该专业的学生拥有更多的就业机会。

（二）构建高校体育教育专业创新型人才培养模式

未来专家型体育教师的培养需要以创新型人才培育为目标。当高校体育生进入社会，他们既可以成为健身教练，也可以成为社会体育活动家。他们可以利用新理论和新知识，跟上时代的技能需求和意识发展，利用网络教程和数字化经营的方式，更好地进行体育商业化的创造。

第一，培养创新型人才必须实行导师制。我国部分高校体育教育的现状就是"放羊式"教育，没有重视体育未来的发展前景，教师对学生的体育训练持"睁一只眼闭一只眼"的态度。导师制建立起来后，就强化了教师授课意识，督促其尽到教育学生的责任，从而通过体育训练，组建更好的教学团队，使得人才培养具有针对性，提高学生的实际操控能力。

第二，培养创新型人才必须优化课程体系。例如，将现代庞大的专业基础理论课程整合为学校体育与健康学；将传统的运动技能课程和新兴的运动技能课程进行优化整合；在深入调研的基础上，保留传统的广大学生喜闻乐见的运动项目，取消不易开展的，技术性高、力量性强的项目；推广与开展新兴运动项目，如定向越野、网球、桌球等；进一步调整课程结构，加强实践环节，保障知识的宽泛，做到学以致用，只有用在实处才能收到明显效果。

第七节　训练营活动模式对体育工作的启示

训练营活动模式以其活动资源集中、组织形式灵活、内容丰富等特点深受运动者的喜爱，亦是体育赛事活动的一种重要延伸形式。通过引入训练营模式可以突破学校刻板的常规教学模式，延展高校体育训练代表队选拔与训练方式，创新体育社团与体育俱乐部活动组织形式。另外，通过借鉴高层次训练营活动中所倡导的训练理念及使用的训练内容、方法、手段等可以为高校体育教学与训练提供有益补充。

一、训练营活动模式的特征

训练营活动沿袭了传统夏令营的活动模式，并根据自身的项目特点予以改进，成为普通体育赛事活动的一种重要延伸形式，按照活动时间及组织形式可分为寄宿营和走训营。训练营活动模式以其活动资源集中、组织形式灵活多样、内容丰富等特点深受运动者喜爱。因此，在组织训练营活动时可以根据活动目的灵活地对训练营的内容做出调整和选择，即使在活动进行中也可以适当地组织协调，以确保训练营活动的正常运行。此外，训练营活动在相应维持周期及活动地点选择方面也较其他赛事活动灵活，其组织形式更加多样。

二、训练营活动模式对体育课堂教学、训练队、社团活动组织的效用

（一）突破刻板的体育课常规教学

深化体育教学课堂模式改革，贯彻实现课内外教学一体化是学校体育工作的革新重点。目前，我国部分高校体育课仍采用刻板的集体教学模式，因其受制于班级人数、教学场地、课程进度、学生基础等因素，在实际教学工作中弊端颇多。如教学班级人数的庞大不利于组织，教学内容不符合学生实际，有些体育技能选项课男女混编，特别是对于集体运动项目而言，这些组织模式不利于学生个性化、差异化学习，学生的学习兴趣与效果大打折扣。为了摆脱这一困境，不少学校将体育俱乐部模式引入课堂教学中，把校内的体育竞赛当成体育课的延伸和补充，这样有利于提高学生学习的积极性与创造性，提高学生的体育能力和组织能力。但近些年，俱乐部教学面临诸多的困境，如出现了体育课程设置传统、俱乐部经费来源单一、学生活跃度低等问题。有学者认为我国大学体育俱乐部教学理论基础薄弱，缺乏创新，俱乐部教学模式面临竞技化和娱乐化的选择等问题。笔者认为，训练营模式可以有效弥补课程常规教学及课余体育俱乐部模式中存在的不足。在常规体育课堂中，借鉴训练营资源集中性的特点，可以把同一时段、同一项目的教师按照自身的特长进行教学任务分配，各班级学生可以全部整合后进行训练营的测试、分组，之后通过几个教学周对学员进行身体素质、专项技能的教学与考核，建立课堂训练营组别间的转换。与此同时，可以适当安排理论课程，在培养学生身体素质、

技能的同时，注重实践与理论的结合。作为课堂辅助教学的体育俱乐部，完全可以采用训练营的形式聘请校外名家就某一专题、某一技术进行专题讲座与实战教学，强化对某一专题教学培训的深度与广度。

（二）延展高校体育训练代表队选拔、训练方式

体育运动代表队是高校体育工作的重要组成部分，亦是彰显学校体育工作成绩的重要考核指标。普通高校运动代表队通常设置两个组别：高水平组与普通组。高水平组的运动员凭借其在某一运动技能的较高水准进入学校，为学校参加比赛争得荣誉是其作为高水平运动员的重要价值体现。高水平运动代表队在招生、训练、管理等方面都有较为完善的规章制度。较之高水平运动队，普通组别运动代表队成员招募范围面向全校学生，有一定运动技能水平与参训、参赛诉求的各专业学生均可申请加入。普通代表队队员选拔方式多样，常见的有队员自荐、校代表队成员推荐、举办招新活动、试训等。诸如自荐、推荐、试训等传统的队员招募方式在一定程度上窄化了招募范围，一些有实力、有热情的学生很可能因为招募信息不通畅、招募手段单一等局限而错失加入的机会。在美国，训练营的招募活动广泛，形成了较为固定的组织流程。以美国青年篮球训练营为例，入营后，首先组织方会对每名运动员进行身高、体重、臂展、体脂等基础生理指标的测试；其次对运动员的速度、耐力、柔韧等身体素质进行考察；最后在充分掌握每名运动员基础生理指标、体能的情况下为运动员建立档案，这样既可以为更好地挑选符合比赛要求的运动员，

指导其进行技战术训练打下基础，同时亦能追踪运动员成长的具体情况。这种训练营模式完全可以被引入学校运动队队员的招新、选拔工作中，丰富高校竞技人才的选拔方式。

（三）创新体育社团与体育俱乐部活动组织模式

目前，体育社团与俱乐部承担着高校体育教学、课外训练及活动组织的重要职责，也凭借其增强学生体质、拓宽学生视野、锻炼学生能力、丰富校园生活等诸多作用深受广大学生的喜爱。可以说，体育社团与俱乐部活动的组织极大地促进了校园体育文化的传播，活跃了校园体育氛围。高校体育社团多样，学生感兴趣的运动项目大都成立了相应的校级单项运动协会、俱乐部，部分高校体育社团还会根据学校体育活动日程安排举办体育比赛周、体育知识竞赛等各类活动。可是，除了有较高群众基础的篮球、足球等运动项目外，受众较小的运动项目其体育社团或俱乐部组织的活动得不到很好的开展，加之组织与活动形式单一，校园影响力往往不大。因此，高校应创新思路，借鉴训练营活动模式资源集中、内容多样、组织灵活的特点，开拓单项体育社团与俱乐部活动组织的方式，发挥资源整合的效应，创造出内容多样、形式多元的校园体育文化活动。其一，体育社团间可以相互联合组织体育赛事、体育活动。例如，学校体育社团联合会可以整合相关社团举办体育文化艺术节，开展集体育比赛、体育表演、单项运动展示、体育技能学习于一体的综合体育文化活动，提高体育社团与俱乐部活动的影响力，更好地活跃校园体育文化氛围。其二，体育社团应该拓宽视野，重视外联工作，校内联络与校外联络并重。体育文化活动的举办不仅限于体育内容、体育赛事，还应借鉴训练营内容多样化的特点，联合校内外相关体育社团或行业资源开发训练营模式的工作坊。例如，体育社团与俱乐部可联合校内其他文化社团与协会举办类似"训练营""工作坊"式的活动，开阔学生的视野，拓展社团业务类型，丰富和活跃校园文化。体育社团亦可联系校外体育组织或企业进行活动创新，如学校篮球社团联合智能穿戴装备销售商共同开发主题为"篮球训练科学化与智能化"的工作坊，聘请校内篮球教练或专业教师结合智能装备商提供的可穿戴式产品为学生提供优质训练。这类活动的组织既能为学生提供全面的主题知识，亦能针对商品进行促销与宣传，为社团发展筹得一定的资金，创造学生、社团、商家的"三赢"局面。

第三章　体育训练教学创新研究

第一节　体育拓展训练课程教学

拓展训练是通过自然地域与体育设备提供参与者体验感，进而感悟训练蕴含的体育理念，再反思获取知识，即通过行为改变，培养良好心理品质，提高综合素质的动态教育模式。在高校体育课程中，拓展训练是处于特定环境条件与设定情景之中，通过身体活动载体，提升学生心理、社会、身体状况，健全人格的体验式学习模式。

拓展训练有三个特点：其一，综合活动。该项目以拓展训练项目和体能活动为引导，引发意志、交往、情感与认知活动，具备明确的操作过程，提高学员的全身心投入，具有综合活动的特点。其二，挑战极限。拓展训练项目具备一定的难度，主要为心理考验，并不断向学员提出更高的挑战。其三，个体体现。拓展训练主要为分组活动，提倡集体合作，进而展现机体个性，发挥所有个体的特长。

一、体育拓展训练课程教学的必要性

21 世纪的社会是一个人才型、技能型、竞争型社会，对人才素质要求越来越高。为适应社会经济变化，高校在培养人才的过程中，以社会职

业需求为目标定位，旨在培养满足技术型、应用型的综合职业人才，针对素质教育全面提升学生的知识结构和综合能力。而拓展训练作为人才培养的必然选择，在使学生掌握基础技能、理论知识的同时，还会培养学生的合作探究、自主学习能力，提升学生解决、分析问题的能力，进而树立正确的价值观与情感观，促进高校和谐发展与学生的全面发展。

二、体育拓展训练课程教学的优化对策

（一）课程目标

提升学生的实践、创新能力；开展与学生生活、科技发展密切联系的课程；倡导交流合作与主动参与，进而改进学习方式；在动手、动脑的过程中，使学生的潜能得到充分开发，进而全面主动地发展。

（二）课程基本内容

其一，按照拓展训练的组织形式与特点，和高校师资、财力物力、场地设施等实际状况，与实践课、理论课相结合。其二，理论课程，包含体育基本知识、拓展训练目的、训练功能与训练意义，结合运动科学知识，涉及运动损伤保健与安全教育知识；实践课程，包含综合素质、基本素质训练。其三，基本素质训练，旨在提高社会适应、心理素质等问题，充分激发学生的潜能，进而提升团队的领导能力；综合素质训练，旨在增强学生的团体意识，强化学生的创新能力、应变能力，进而增强学生的组织协调能力和计划管理能力。

（三）教学条件

其一，师资配备。在拓展训练中，师资配备属于高校课程教学的重要条件。在常规体育课程中，拓展训练与其实施环节、教学手段与教学目的具有诸多相似之处，都是利用身体活动体验达到相应目的。与其他体育课程不同，拓展训练对体育教师的要求更高。它要求高校体育教师的教学经验丰富与综合素质较高，须接受相关的学习、培训，加强教学方式与理论创新，进而提高理论储备宽度、广度，胜任拓展训练工作。同时，在拓展训练课程设计与科学实施过程中为提高教学效果，高校应定期派教师外出学习与观摩，进行培训，最大化教学效果。其二，场地与器材。拓展训练项目所需的场地与器材较为简单，仅需 10 平方米平坦地就可以进行训练，雨天室内即可训练。有条件的学校，可以创建拓展基地，提供器材项目，采取市场化运作，加大基地设施维护频率，增加学校财力。其三，教学评价。拓展训练评价可选择教师评定、学生自评与互评的方法进行评价。其中，教师评定，可采取课堂表现、出勤、感悟、交流等方式进行效果评定。

（四）授课时间与授课形式

高校体育拓展训练可按照学校的实际状况，通过灵活组织的形式开展；可作为必修课，也可作为选修课。在安排授课时间时，可以按照课程需求选择最适合的项目，可以按照学生的兴趣爱好，在节假日、课余时间，组织开展体育拓展训练。

总而言之，拓展训练教学作为体育课程后，有利于弥补传统教育的缺陷。通过制定科学的课程目标，遵循教学设计原则，丰富课程基本内容，完善教学条件，可以促进体育拓展训练课程教学的发展。

第二节 大学生体育拓展训练的教学思考

在体育课程中，开设一定学时的体育拓展训练，旨在通过参与、体验拓展训练环节，让学生经历心理、体能、团队协作等挑战，使得学生在体育锻炼的基础上磨炼坚强的毅力、调节心理问题、提高团队精神、反思自己的不足。大学生正处于身体、心理发展趋于成熟的过渡时期，体育课程教育教学对学生的身心健康培养至关重要。参考国外的经验和国内的应用成果来看，在体育课程中开设体育拓展训练环节有助于大学生身心健康的培养。

一、体育拓展训练的教学内容与教学步骤

（一）体育拓展训练的教学内容

（1）高校体育开设拓展训练课，按照训练目的可分为基本素质训练和综合素质训练。基本素质训练是通过设置一些具有难度的活动内容，培养学生的自我挑战能力，使得学生克服身心障碍，获得信心、勇气，磨炼意志；综合素质训练是团队性质的活动，通过活动训练学生的沟通能力、组织能力、协调能力和配合能力。

（2）体育拓展训练课按照项目内容可分为个人项目、双人项目和团体项目。个人项目训练是基础素质训练的主要内容；双人项目是由个人项目训练到团队项目训练的过渡阶段；团队项目训练是体育拓展训练的重要环节和关键所在，也是个人能力和团队配合能力体现的集合。

（二）体育拓展训练的教学步骤

（1）课前准备。教师要布置好场地器材，全力做好安全保障措施，设置好教学内容。

（2）情景导入。教师要向学生宣布训练规则和具体要求，详细部署安全保护措施，重点强调注意事项。

（3）讨论。根据学生的特点，按照活动项目的需要可对学生进行分组，引导学生进行活动前讨论、制定组内分工和具体实施方案。

（4）实施。在教师的组织指导下，引导学生进入拓展训练环节。

（5）经验分享。拓展训练活动结束后，组织学生讲述自己或团队的经验收获，让学生交流、思考、归纳、总结。

（6）教师点评。教师在整个活动中，通过对学生个人和团队表现进行记录，并结合学生的感悟交流进行点评，引导全体学生反思、提高认识和感悟；结合在日常学习、生活和未来工作中的相关问题进行应用指导，将学生思想上的提高转化在行动、习惯应用上，内化成为一种文化和素质。

二、体育拓展训练的教学注意事项

（一）结合本校的优势资源

体育拓展训练没有统一的模式，各学校要充分地结合当地的实际情况，根据校内外的资源环境条件选择拓展训练场地和项目，还要根据学校的资金投入情况，适当采购一些专用器材，在学校场地和资金充裕的情况下可以考虑建设专门的学生体育拓展基地。

（二）创新拓展训练的形式

在对学生分组时，要经常性地变换组队成员，让学生不断融入陌生集体，锻炼学生的团队沟通能力、团队适应能力、团队配合能力和集体观念。

（三）注重安全教育

体育拓展训练是一项带有一定危险性的活动。教师一定要做好训练前的安全教育、训练中的监控工作，要定期检查器材的安全性，做好意外事件处理预案。

拓展训练符合《全国普通高等学校体育课程教学指导纲要》的要求，符合学生的身心成长需要，符合社会对人才的素质能力要求。因此，这种创新的教学模式符合高等教育要求，也为高校体育课程建设提供了新思路和新方法。

第三节 引入拓展训练加强大学生的团队精神

拓展训练是一种体验式的学习方式，对团队来说是一种有效的培训。拓展训练是在突出团队精神的前提下，要求训练者之间身体与心灵接触，使之达成默契，从而使训练者深切感受到团队精神的重要性。

一、团队精神的基本内涵及重要性

什么是团队精神，众说纷纭，但据笔者理解，团队精神就是某个团队成员认同和满意自己的团队，为了一个共同的目标，充分发挥个人的创造性，同时，主动与其他成员团结协作，尽职尽责共同努力实现团队目标的精神。

具有团队精神已是当今国际社会对人才素质的基本要求之一。培养大学生的团队精神既是顺应时代的要求，同时也是我党构建和谐社会的需要。现代社会已进入知识经济时代，人与人之间的相互依存关系越来越密切，相互协作已成为人们生存的习惯意识。

目前，国家、企业核心竞争力的保证就是团结协作，大学生团队精神的培养就是提升他们的适应能力和团队竞争能力，为以后走向社会奠定良好的基础。团队精神有利于塑造大学生良好的个性人格，提高其综合素质。

二、拓展训练在体育教学中打造团队精神的实践

拓展训练属于体验式学习，以"先行后知"的体验式学习模式，打破了过去体育教学中教师简单地"教"，变为学生通过各种拓展项目主动地在体验中"学"，使学生掌握一套增进健康的科学方式方法，并形成持之以恒的习惯，用"生活中的体育"培养他们全面发展。通过以上可以看出，拓展训练的目的与训练手段、方法和体育教学的目的与方法是相同的，这正符合教育部颁发的《全国普通高等学校体育课程教学指导纲要》（以下简称《纲要》）的要求，而且是能够成为促进学生达到《纲要》目标要求较为理想的体育课程。

为了某项任务几个人聚到一起，不一定能形成有效的团队。只有能够共同承担责任、共同努力的成员，在特定的环境中共同完成任务才能形成有效的团队。在体育教学中引入拓展训练，通过课上的一些集体活动，可以增强同学们的团队意识。如在"盲人方阵"活动中，班级成员自动分组，每组不少于8人，在平整的场地上，每人一个眼罩，每组一捆25米的绳子，在规定的时间里，全队人员在不可视的情况下，围成一圈，将教师提供的绳子拉成一个规定的全封闭的形状，这就是一个以团队挑战为主的项目，项目主要凸显有效的沟通。活动开始前，每个小组首先要进行有效的沟通，确定每组的组长。以组长为核心，展开讨论，达成一致的想法与意见，确定具体的实施方案。在整个实施过程中，要求组长与组员之间的表达、倾听、反馈等环节能够有效运作，形成有效沟通，在组长与组员之间营

造一种平等和谐、积极向上的氛围。组长与组员之间要相互尊重，提升思想交流与感情表达的技巧，建立团队之间良好的信任关系。在整个活动过程中通过有效沟通了解他人的思想和表达方式，学会从现象看问题、看本质。整个小组中每人都要有安全感是成功的另一个必备条件，这样他们才能从心理上愿意进行沟通，主动与他人交流合作。

良好团队的形成，靠的是长期有效的磨合，通过不断的实践，增强团队的凝聚力，逐渐形成团队的文化精神，从而凸显团队的独特性。

新生入学后，都会有一段适应期，教师要充分利用这段时间，从思想上进行团队精神的引导。新生实践课较少，教师可以在体育教学中引入拓展训练，理论联系实践。团队精神是打造大学生能更快、更好地适应大学生活，走向社会、融入社会的一种辅助性方法。各高校在培养大学生团队精神的教育活动中切不可照抄照搬，一定要切合实际，根据本校专业、学生的特点采取训练方案，在不断的实践中检验训练成果，重视对训练结果的总结和实施效果的评估，要遵循循序渐进的原则。

第四节　大学生课余体育训练的动机分析

高等学校的体育课，无论是必修的运动项目课，还是选修的健身活动，都不能只通过课堂教学完成学习任务，必须有大量的课余训练，才能培养学生正确的体育与健康理念，懂得健康的意义。健康涵盖生理、心理和社会适应等多个方面，健康是人的一生中不能失去的财富。参与锻炼是每个学生的权利，只有在锻炼中体验到参与的乐趣，在乐趣中培养爱好运动的兴趣，由兴趣形成积极锻炼的习惯，才能有健康的身心素质与担负社会重任的能力。教师应积极地发现学生课余体育锻炼的动机，因材施教，科学地组织体育教学。

一、学生课外体育训练或活动动机的现状分析

从现行的高校体育教学实践来看，学生必修的体育项目和选修的健身活动对学生参加课外体育活动没有显著的影响。第一，只有少数学生把参与的课外体育活动，以及教学内容的继续巩固和选修科目的有机练习作为必修课程。也就是说，学生在参加课外体育训练或活动的过程中，没有主观的、自我的学习动机，只是作为简单的娱乐或参加比赛的训练。第二，一般的课外体育训练和活动的组织者不考虑体育教学的同步练习和技能培养，只是作为课程学习之外的脑力劳动和体力活动的调整。从课外体育活动的组织角度来看，其动机不是课堂教学或专项体育项目学习的延伸。第三，课余体育活动大多数属于娱乐活动类的集体活动。有的学校或班级的课外体育活动不仅千篇一律，而且重复性很强。第四，出于健美的心理需求，女生参加健美操之类的活动较多，男生则侧重于球类运动。他们参与体育活动的动机跟体育课程的学习巩固无关。

二、健身休闲动机促使学生参加课外体育活动

近几年，在校园、社区、街头公园以及多数的居民家庭和农村广场，健身器材越来越多，体育与健美、运动与健康的理念深入人心。例如，

广场舞持续不衰是适应了人们健美、减肥的心理需求。同时，在去参加广场舞的过程中，穿梭街道公园、林荫小路，可以休闲散心，悠然自乐。高等学校不是一个封闭的地方，而是开放的文化载体，健美、休闲的从众心理同样也对大学生产生了积极的影响。例如一些学生在课余时间学习交际舞，到校园的健身广场散步，或者组织同伴去登山、自行车赛等，其参与活动和组织活动的基本动机都是休闲和健身，有的是为了排解不良情绪。良好的情绪，如欢乐、愉快、高兴、喜悦等，能够使人精力集中，记忆力增强，思维敏捷、动作协调，提高学习效率，保持身心健康。拥有良好的情绪，人就会心情舒畅、平静、祥和、性格开朗，既可以增强机体的活力，提高免疫力，又可以增强机体的抵抗力，有助于身心健康。因此，当有愤怒、烦躁，心情不畅快时就可以到处走走，通过运动尽可能地消耗体能，在能量的消耗过程中，不良情绪也就被释放、发泄、疏导了。可见，体育锻炼是消除不良情绪的有效方法和手段。总之，健美和休闲意识是多数大学生参与课外体育活动或训练的主要动机，教师在教育教学的过程中发现和掌握这个心理规律，可以有意识地进行科学的引导。

三、社会交际交往动机促使学生参与课外体育活动

学生的课外体育活动多数发生在户外人群较为密集的集散地，在参与活动的过程中，会有更多机会结交朋友。利用课余时间，爱好打篮球的大学生可以把伙伴们集合到篮球场；爱好游泳的同学可以集体结伴去游泳等。在组织活动、参与活动中，需要指挥、引导、服从等；在简单的语

言交流中，可以结识更多志趣相投的朋友，或者是不同系、不同班级的；由于共同的爱好，素不相识的人能够成为无话不谈的好朋友而走在一起；大家一起参加活动，在分享活动的乐趣的过程中也会吸引志趣相投的人加入其中。为了结交新朋友或者把体育锻炼的技能教给朋友等都是参加课外体育活动的目的和动机。在参与活动的过程中，通过与他人频繁的接触，可以缩短相互之间的距离，还可以得到更多的支持、鼓励、信任与合作。健身场地、运动场和游泳池等地方，是结识新朋友的最佳场所，为学生创造了了解他人、尊重他人以及被别人理解、尊重和支持的机会，大家可以在欢乐中释放热情，获得友谊。在大学校园，掌握一项体育运动技能，就相当于获得一种与他人交往的手段，这将极大地提升个人魅力，提高亲和度。课余体育运动与音乐、美术、摄影、游戏一样，会促使学生学习更多的本领，也会使学生主动帮助技能不如自己的同学或朋友；在与他人切磋技艺的过程中，获得有益的启示，在与他人交谈活动经验时，把体育活动变成社交活动。

四、放松心理的想法促使学生参与课外体育活动

现代大学生都有手机，都热衷于网上的生活和活动。随着社会竞争和生活压力的增大，有些大学生处于就业迷茫、学习迷茫或者压抑、悲观等状态。在这种情况下，多数学生会选择参加一些户外的体育活动来放松身心疲劳，常见的有散步、跑步、登山等活动。因此，教师在教育教学过程中，应注重发现学生的心理动机，把握机会，最大限度地组织集体课外体育活

动，使学生尽情地放松，精神得到振奋，使不良的心理、情绪得到排遣。

学生参与课外体育活动的动机是不同的。在教育教学过程中，教师要根据体育教学的实际需要，掌握和利用学生参与课外体育活动的各种动机，组织有益的、针对性较强的课外体育活动。这样做的好处在于：一是有利于课堂体育教学的延伸、巩固和发展；二是能够提高学生参与活动的积极性和主动性，提高教学质量和育人效果。

第五节　体育教学和运动训练的协调发展

随着我国国民素质的提高，国民对生活的追求也发生了很大的转变，在目前，体育精神受到民众的一致推崇。因此，高校作为社会人才的主要培养机构，其体育教学也越来越受到社会各界的广泛关注。另外，由于现在的学习压力加大，绝大多数的大学生不能充分进行身体锻炼，从而出现视力下降、身体机能下降、肥胖等问题，大大降低了学生的身体素质。对此，高校应该提高对学生素质教育的重视程度，注重体育教学与运动训练相结合，使大学生的身体素质得到提高。

一、体育教学与运动训练发展中存在的问题

在目前的高校体育教学中，存在教学内容陈旧、教学模式古板的问题，部分高校在体育教学的过程中只重视学生的成绩，而忽视了对学生体育知识教育和一些必备的生活技能的训练。另外，学生普遍对体育课不感兴趣，

往往都是为了保证到课率，在期末考试时不会被挂科而去应付教师点到，在教师点到后则会以各种各样的借口拒绝参与体育教学活动。这就使得体育教学不能有效地开展。此外，高校内体育教学方面的师资情况也存在较大的问题。高校对于学校招聘的体育教师在学历方面的要求较高，这就导致高校出现了体育教师短缺的现象。在这样的情况下，就会出现一位体育教师兼教多个班级的情况，这就使得教师在教学过程中不能够兼顾每个学生，从而影响整体教学质量。

二、体育教学和运动训练的区别与联系

体育教学是指体育教学工作者使用科学、全面的教学方法指导学生进行体育方面训练，并教授学生相关的体育知识的活动。因此，体育教学所包含的范围较广。运动训练则是指针对某项运动进行专项训练，比如学生要参加某一个运动项目的比赛，这时就需要通过运动来进行有针对性的训练，有效地提高参赛学生的专业素质。因此，"运动训练"是一个范围较小的概念。虽然二者所包含的内容范围有所不同，但是无论是体育教学还是运动训练，我们都不难发现二者是相互补充、融合发展的。

三、促进体育教学和运动训练的措施

（一）提高重视，加强管理

高校要想实现体育教学与运动训练的协调发展，就必须加强对体育教育工作的重视程度，充分认识到体育教育工作的重要性。另外，高校

还需要加强内部全体职工的体育教育观念，将体育教育与运动训练协调发展的概念深入每一位职工和学生心中，从而使全校师生都能认识到此项工作的重要性。

（二）优化方法，合理教学

我们常说，兴趣是最好的教师。目前，有些高校的体育课徒有形式，其课堂内容并不受学生欢迎，因为教师在进行教学之前并没有充分考虑到学生的兴趣爱好与运动需求，也就很难激发学生的积极性。因此，若想要增强学生参与体育教育的积极性，教师就应该对原有的教学方法进行优化，开展合理的体育教学活动。教师可以在体育课堂上设置一些富有挑战性的体育训练项目来吸引学生的注意力，还可以组织学生进行一些有趣的体育活动，从而进一步激发学生的积极性，使学生主动参与体育教学与运动训练。同时，教师在教学过程中还要注重与学生的沟通交流，以便充分了解学生的喜好和需求，这样才能更好地制订符合学生需求的教学计划，增强学生学习的主动性。

（三）增强师资，安全教学

无论是哪一门学科，教师的综合素质对整个教育工作来说都是极为重要的，体育教学也不例外。想要保证高校的体育教学工作取得良好的效果，就必须先保证体育教师的综合素质。因此，高校必须加强对体育教师队伍的建设，使体育教师树立正确的教学观念，具备高尚的道德品质。另外，由于体育教学与运动训练大都是在室外或是体育馆进行的，存在一定的风险因素。因此，教师在进行教学时，还要注重对学生安全意识的培养，教给学生一些处理紧急状况的方法，增强学生应对危险状况的能力。

综上所述，就目前的情况而言，高等院校的体育教学中存在着课程质量不高、对体育教学缺乏重视、教学内容不全面、师资力量薄弱等问题，严重影响了高校体育教学与运动训练的协调发展。而要改变这样的现状，高校就必须加强对全体师生体育教育观念的培养、师资队伍的建设以及相关制度的完善。这样才能有效提高高校体育教育工作的质量，从而进一步促进高校体育教学与运动训练的协调发展。

第六节　体育教学中形体训练的价值与对策

一、什么是形体训练

（一）形体训练的概念

"形体训练"是一个综合学科概念，它是以提高身体素质为基础，通过各种附加训练，让身体素质及气质更富有美感的活动。形体训练的基础是体育教育，即在加强体育锻炼的基础上，以坚持美感为原则，进行特定训练，如舞蹈、健身等都是形态训练的内容。通过形体训练，可以让学生加强对美的认知和追求，为将来进入社会后的生产生活做准备，良好的形态训练可以让学生进入社会后对生活充满激情。

（二）形体训练的内容

大学时代形体训练具有基础性强、普及度高的特点，训练时以纠正锻炼者不规范的行、站、坐等为主要内容。形体训练基于体育，让大学生在日常生活中既可以进行锻炼，又能提高身体素质，使其身体更加富有美感。

二、大学体育教学中形体训练的作用

（一）能够提升学生感受美的能力

人们对美的欣赏是一种感知行为，即通过诗句、听觉等直观感知行为来感受作者所要表达的美。形体训练对培养学生的心理素质有较大帮助，学生只有感受到美，才会学着去追求美。例如，模特的 T 台美，让人们感觉赏心悦目、心情愉悦，这种心情愉悦是观看者接收到的美的感知。

（二）形体训练能够保障学生实现终身发展

形体训练不仅可以提高学生的身体素质，还可以对学生生活中养成的不良习惯进行纠正。例如，很多学生多年养成的坐姿不端正的情况，通过形体训练，可以纠正。有效合理的形体训练，不仅可以让大学生学会欣赏形体美，更可以培养大学生对形体美的追求，大学生在主动追求形体美的时候势必会改掉一些生活中的不良习惯，从而使其在进入社会时可以保持良好的生活状态与工作状态。身体是革命的本钱，形体训练可以帮助大学生认识到身体素质的重要性，培养良好的生活习惯，这会让学生终身受益。

三、大学体育教学中形体训练的对策

（一）结合大学生的心理特点进行教学

大学时期是一个爱美的阶段，尤其是女性在大学时对美的追求更是强烈，形体训练要抓住学生对美的追求心理。训练内容要适合大学生的年龄特点，从健美操、舞蹈等受欢迎的内容入手，让学生可以尽快融入形体训练，在训练中激发学生的学习热情。

（二）对教学形式进行改变

形体训练作为体育教育中的一种，与其他身体素质锻炼有一定差别。形体训练追求的是身体形态美，在教育内容上要注意学生身体素质的不同。例如，女生身体的柔韧性强，更适合从舞蹈、体操等方面进行培养，让女生身体不仅苗条而且具有活力；男生力量大、柔软性较差，在锻炼时更应该注重进行整体训练，适当的健身、跑步等都是行之有效的办法。

很多大学生在长期的学习生活中，养成了不良坐姿导致驼背，如果积极参加形体训练可以得到一定的改善。比如通过芭蕾舞训练中的站姿练习和压腿练习，特别是后压腿练习，有助于增强背部肌肉力量，校正驼背等。应用这种具有科学性和针对性的教学方式，能够使得学生更好、更快地掌握形体训练。

（三）教师起示范和主导作用

在形体训练中，教师的形象对学生的形态训练有着重要的指导作用。

在实际教育中教师要注意对自身形象的维护，让自己的身体呈现出特有的美感，使自己精力充沛、精神饱满、富有激情，这样才能让学生直观地感受到形体美，激发学生的学习热情。另外，在日常教学中，教师要发挥主动作用，尤其是对初学者，要及时纠正其在形体训练中出现的错误，做好对形态训练的检查。

（四）课内学习与课外学习相结合

单靠课堂时间对大学生进行形体培训是不够的，在教育过程中要重视课内与课外的有机结合。大学生的课余时间较为充沛，教师可以通过组织学生观看当地体操比赛或健美比赛等，让学生感受形体美的其他表现方式，以此来培养学生的学习热情。其中，课外内容应以扩大知识面、学习更多方式方法为主，通过同其他学习者进行交流，让学生主动表达自己学习中的疑惑，让学生对形体训练有更深层次的了解，然后将课外学习的内容融入课内学习中，提高学生的形体训练效果。

（五）明确形体训练的目的

制定明确的形体训练目的有利于培养学生对形体训练的热情，也是开展形体训练教育内容的重要参考依据。例如，一些学生想要让自己的站姿更加富有气质、具有美感，在教学中教师可以根据学生的学习目的，有计划地制订教学备案，如通过有利于加强站姿的训练让教育达到预期效果，让学生的站姿更加协调。有些学生在进入大学后，减肥成为他们日常生活中的一个热门话题。针对这类学生，在进行形体训练时还应结合日常生活饮食习惯进行调整，从多个方面入手，将饮食和运动有机结合。首先要帮助学生制订训练计划，其次在训练中进行监督和答疑，并给予鼓励。

总之，良好的形体训练可以培养学生的意志力和对美的追求。只有学生喜欢美、追求美，才能让生活中充满美，这种美包括心灵美和形态美。形体训练作为一个长期坚持的运动过程，并不是一蹴而就的，这不仅要求教师在形体训练时加强监督，还要结合大学生的心理特点，有针对性地开展相关教学工作并做好心理辅导。

第七节　大学体育舞蹈教学中的美感训练

在西方，体育舞蹈被称为真正永恒的艺术，是由传统的交谊舞不断更新，并融入时代气息以及竞争性后成为人们用于交际并陶冶情操的手段。它是锻炼体质的方式，有着非常独特的艺术价值。高校的体育舞蹈课是一门非常有价值的课程，它可以使学生各方面的素质得到提高。体育舞蹈的根本在于对人的体态艺术进行展示，并给人一种愉悦和美的享受，让人们产生对美的追求。无论是拉丁舞还是摩登舞，无不要求舞者拥有强烈的节奏感以及协调的动作，配合悦耳的音乐，使之具备极强的艺术感染力。

一、体育舞蹈教学中的四大美感

（一）动作美感

体育舞蹈的两个重要分支就是拉丁舞以及摩登舞。体育舞蹈与其他的舞蹈类型不同，无论是拉丁舞还是摩登舞，对技术动作的要求都非常高。在高校的体育舞蹈课上，学生对体育舞蹈进行学习，重点内容就是掌握最基本的舞姿，全面掌握基本舞姿后才能提升美感，让自身的舞蹈水平得到提高。

（二）音乐美感

对于舞蹈来说，无论是训练还是表演都离不开音乐的支持，体育舞蹈也是如此，不可能脱离音乐。可以说，音乐是舞蹈的灵魂。音乐的旋律、节奏、曲调以及透露出的情绪可以给舞蹈的最终呈现效果带来决定性的影响，因此，体育舞蹈的美感与音乐的美感是紧密联系的。要想真正了解体育舞蹈体现出的美感，就要正确地认识，并利用好音乐的美感，这样才能使体育舞蹈对观众产生更强的吸引力，并营造出更好的氛围，让观众沉浸在对美的享受中。

（三）形体美感

体育舞蹈本身是舞蹈中的一种，自然表现出的美感也需要符合舞蹈的特性。形体是对体育舞蹈的美感产生影响的重要因素。只有拥有协调的动作以及匀称的身材，才能让形体的美感展现出来。因此，在体育舞蹈课上教师要注重对学生形体的训练。这是强化学生体质的重要方式，也是体育舞蹈课非常重要的教学目标。

（四）服饰美感

一直以来，服饰与美学的追求就是密切相关的。服饰美感随着时代的进步正在发生着变化，正是这种变化，可以看出人们的审美理念正在不断更新。但服饰终究是注重实用性的，一定要与人的身体彼此对应，不可能独立于身体而存在。服饰的材质、颜色、裁剪以及线条都是要与人体相呼应的。体育舞蹈也是需要配合与之相匹配的服装，才能展现出更多的美感。

二、大学体育舞蹈教学中学生美感训练现状

（一）教师对美感训练不够重视

很多高校体育舞蹈课的教师并未认识到美感训练的重要性，在教学中将主要精力以及时间放在对舞步进行统一或技艺追求完美的训练上，这就导致很多大学生也单纯地认为学习体育舞蹈只需要将技术动作练好即可。在实际表演中会发现，很多大学生已经掌握了体育舞蹈的各个动作，但组合起来动作呆板，观赏者并不能从中感受到美感。可见，教师需要从理念上进行转变，要明白美感训练在体育舞蹈课上是非常关键的教学内容。

（二）教学理念上的限制

教师保持着怎样的教学理念以及沿用哪种教学模式，对体育舞蹈课的教学效果会产生直接影响。如今很多教师在教学中采用的是传统的理念以及手段，也就是教师在学生面前会做好动作示范，然后学生对教师的动作进行模仿。这种教学方法虽比较直接，但是教师并不能从中掌握

每个学生的理解情况，也就不能采取正确的指导方式，这相当于让学生对体育舞蹈进行自主学习，学生并不了解体育舞蹈的真正内涵。

（三）训练方法不科学

要想让学生获得效果显著的美感训练，规范教学是一定要受到重视的，教师一定要将动作训练与美感训练区分开。二者有着本质的区别，培养的方法也是截然不同的。教师在教学中既要重视学生对技术动作以及舞蹈造型的把握，又要注重动作的灵活性；在对美感进行训练时，需要对一些教学手段进行重点改进。总之，学生需要在教学中感受到体育舞蹈的美，教师需要在教学中激发学生的学习自主性。

三、大学体育舞蹈教学中学生的美感训练方法

（一）强化基本功训练

在体育舞蹈的训练中，需要不断强化学生对基本功的掌握。基本功训练本身就是美感训练的根基。教师需要强化对学生站姿、四肢角度以及表情等细节的指导；为了让学习效果更好，教师需要明确每个学生对体育舞蹈的掌握或者了解程度，并结合实际情况做出调整，要避免学生在训练中出现抵触情绪；教师可以配上一些优美的音乐，或者组织一场比赛，让学生对体育舞蹈产生更大的学习兴趣。

（二）规范教学

首先，教师需要将原本连贯的动作以及规范的口令分解，让学生对

此加强了解。一些动作难度比较大，教师需要多在教学中用不同的方法展示给学生。其次，教师需要在教学中为学生进行多次示范，为学生展示正确的动作和理念。教师一定要具备高素质，这样才能让学生得到良好的引导。最后，除了标准的技术动作之外，教师还要注意教授动作的连贯性。教师需要对学生进行规范性的讲解，用学生更容易理解的方式，向学生展示体育舞蹈的美感。

（三）选择合适的音乐

合适的音乐可以让舞蹈表演更具感染力，也能给观赏者更强烈的感官刺激，使其从中感受到体育舞蹈的感染力以及舞者对情感的表现。音乐是舞蹈的灵魂，教师需要选择一些与舞蹈风格相匹配的音乐以增强舞蹈的表现力。

（四）表演展示教学

重复性训练会让学生失去对体育舞蹈的学习兴趣。表演展示就是让学生在特定的音乐背景下充分发挥自身水平，表达自身的感受与情感。这种教学方法并没有对学生的表达有过多的限制，可以让学生尽情发挥，加之教师从旁指导，可以提升学生的自身审美能力。

总之，要想让大学生在体育舞蹈方面增强美感，就要不断强化学生的审美能力，对训练机制不断进行革新。教师需要在体育舞蹈课上对学生进行强化美感训练，并采取有效的措施提升学生各方面的能力以及学习体育舞蹈的兴趣。

第八节　大学体育耐久跑的教学与训练

耐久跑是体育教学非常重要的内容。耐久力锻炼对于培养学生坚持不懈的耐久品质具有非常重要的作用。本节笔者针对大学生耐久跑中存在的一些问题进行分析，提出一些解决策略，期望对大学体育耐久跑教学有所裨益。

一、大学体育开设耐久跑锻炼的必要性

（一）可增强身心健康

耐久跑作为大学体育教学非常重要的内容，其不仅具有强身健体的作用，还具有培养学生吃苦耐劳品质的功能。耐久跑除了可以锻炼大学生强健的体魄外，能够培养学生的抗压能力。大学生毕业后就会面对外界激烈的竞争压力，这就要求大学生必须具备较高的耐受能力，耐久跑教学则可以锻炼学生的耐力。大学阶段学生很多是处于自学、自己研究的状态，通过耐久跑培养学生坚持不懈的品格，将有利于大学生的后期发展。

（二）可消除学生的厌学情绪

在大学，有很多学生处于散漫的状态，甚至一些学生出现了厌学情绪，而耐久跑有利于改善这种不良情绪。耐久跑可以充实学生的生活，使得

学生在锻炼的过程中懂得：只有不断坚持，才能获得成功。

二、提高耐久跑教学训练的策略

（一）加强思想建设促进学生的兴趣构建

目前，部分大学生在体育锻炼中存在畏难情绪，在教学中若要提高耐久跑教学训练水平，必须积极提升学生学习耐久跑的兴趣，让更多的学生参与到耐久跑训练之中。高校应该通过学校交流平台，大力宣传耐久跑的优点，吸引更多的学生参与耐久跑运动。同时，加强教师和学生的思想引导，让师生意识到耐久跑的巨大意义和重要性。

（二）创新教学方法和改良教学内容

传统耐久跑教学比较枯燥乏味，教学过程中更是教学方法单一，难以让学生提起学习的兴趣。因此，高校应该积极创新教学方法，并在传统教学内容上进行改良，使得教师和学生在此过程中对耐久跑有新的认识。一般传统教学模式中，学生做完热身运动之后，教师就会让学生开跑，如此反复下去学生很容易产生无聊、厌倦学习等情绪，难以在教学中取得效果。高校教师可以借助信息技术或者优秀教案进行教学方法改革，积极改良教学内容，让学生在学习过程中不再无聊，提升学生的学习兴趣，为促进耐久跑教学助力。

（三）加强师生交流，实现多元化发展

加强师生之间的交流来促进教学多元化发展是指教师利用授课时间

或者课余时间和学生进行交流，对于学生的意见和想法进行总结，在今后的教学中做出有针对性的改变，如此，教学才能够满足学生的要求。毕竟学生在学习过程中是主体，只有学生取得了优秀的成绩，才说明教师的教学有效，教师的教学水平高。教师在根据学生的需求做出相应改变的同时还应尽量考虑到教学的现状和教学条件，尽可能为学生提供满意的教学服务。教师通过师生交流获取学生的真实想法，学生则可以通过交流表达出自己的看法，这样教师和学生都能在教学过程中积极做出改变。

三、创新训练以及效果评价

耐久跑的训练方法多种多样，一般而言常用的方法有：走跑交替、匀速慢跑、轮流领跑以及结对跑。走跑交替时必须按照教师的信号进行练习，如听取教师的口令、哨声、掌声等完成走跑练习；可以在训练中做对角线跑、蛇形跑以及 8 字形跑；还可以进行定距离跑练习，如绕足球场跑或者绕田径场跑等。匀速慢跑主要是让学生轻松协调地跑步，在跑步过程中齐声呼喊口号，直至跑完全程。轮流领跑则由 10 ~ 20 人一组进行集体跑动训练，排尾加速度跑到排头，然后整个队伍如此循环完成跑步练习。结队跑则需将班级学生分为几个小组，然后按照规定距离全组协调一致地进行训练耐久跑。通过耐久跑创新训练，笔者所教的班，全班 45 名学生，本学期学生成绩 80 分以上 26 名，70 ~ 85 分 17 名，70 分以下者 2 名，优良率达到了 95.56%。由此可见，训练耐久跑效果比较显著。

第九节　大学生跆拳道训练体系的构建思路

只有使大学生拥有充足的体能，才能更好地促进其学习效率的提升。如果能够找出最适合大学生的训练体系，就可以为大学生的身心健康发展打下良好的基础。跆拳道训练可以增强体能，提高身体机能。

一、跆拳道对大学生的影响

跆拳道既可以增加大学生的速度及力量，又可以在训练的过程中使学生增加自信心，增强身体素质；经常进行跆拳道练习，能扩展胸肌，对于规范坐姿也有极大的帮助。体能对于大学生日常的学习生活来说尤为重要，它可以使大学生保持良好的心理素质，还能促进大学生的健康成长。

二、跆拳道训练的基本特点

（一）跆拳道训练的战术形式

跆拳道一般会遵从竞赛的需要，规定的攻击方式以脚法为主。在训练的过程中也可以运用拳来进行防守，在进攻时主要脚法攻击对方被护具保护的胸腹部以及头部。可以利用脚、拳来击碎砖头或木板的方式来进行练习，这种方式不仅能够进行日常训练，还被运用到升段晋级中。

跆拳道的基本战术形式主要是有序完成动作组成的具体方式。

（1）强攻战术主要是在对方的严密防守下直接进行攻击的方式。若想有效地利用强硬的方式进行进攻，必须做好充分的战术准备，力求通过不断强有力的进攻扰乱对方的视听，不给对手任何反击的机会，实现对对手的有效攻击。

（2）重创战术是指用自己全部的力量给予对方以重击，利用自己身体力量最强的部位进行对抗，再结合自身实际条件对对方进行击打，使对手失去战斗能力。若自己的力量与技术不如对手，那么在比赛的过程中就不应该被对手拖延时间，耗费自己大量的体力，而是要找准时机，在遵守比赛规则的前提下，抓住机会给予对方重击，起到震慑对手的作用，使对手在心理上产生畏惧，失去赢得比赛的能力。

（3）假动作战术是利用虚晃的动作让对手无法判断自己真实的攻击目的的行为。假动作的本质就是将自己真正要做的动作向反方向调动对方的身体动作，在对手来不及反应的时候找到胜利的突破点，乘胜追击。

（4）反击技术主要是指在对手率先发动进攻的情况下，破解对手的技术动作并及时进行反击的动作。只有熟练地掌握战术，才能在一系列的防守动作后对对手进行反击，进而获得胜利。

（二）跆拳道的训练要求

在训练时，首先，要注意培养学生的战斗意识，提高学生的跆拳道水平，通过对比赛规则的了解及战术布置来提升战斗能力；不仅要加强基本动作的练习，还要组织学生之间进行比赛，在失败中总结经验，培养学生的临场发挥能力。其次，训练时要结合技术动作对学生进行教导，传授给学生多样化的战术；将培养学生的体能与智能训练、技术训练巧妙结合在一起，有效地促进大学生对跆拳道练习的积极性，使大学生的体魄更加强健。

（1）在跆拳道的训练过程中，教师要不断地对学生提出更高的要求。要求学生将所有学到的战术运用到实践中，严格遵守比赛的相关规定，不断地提高技战术的质量。

（2）要求学生在学习了基本的战术后，从中精选几种适合自己的。在训练中运用灵活多变的战术进行高强度的练习，将动作训练中的特点与实战相结合。

（3）跆拳道的战术需要由多个重要的部分组成，例如学生的心理状况、身体状况及动作水平等，要将这些特点进行紧密的结合；在掌握基本动作的情况下进行战术的完美演练，使学生能够加强对专业技能的掌握。

（三）注重气势，发扬声威

在跆拳道的竞赛过程中或训练中，都要求运动员在场上利用威严的气势给予对手强烈的压迫感。在比赛规则中明确规定可以发出声音来提高自己的斗志，借用自己的气势来震慑对手，甚至在攻击对手的同时发出声音，利用心理战占据优势。所以，在进行跆拳道训练的同时要加强对发声的练习，通过将强有力的发声与严格的动作训练相结合，从而加强学生的胆识，在一定程度上提高其心理素质。

（四）坚持以刚制刚、以快制快的原则

在跆拳道的训练过程中，教师教导学生的基本理念大都是直接进行身体接触，运用的动作技术也是以刚制刚。这种训练方式比较简单，没有十分复杂的战术，即利用直线连续进攻的方式来得分进而取得胜利，利用脚法踢出连贯迅速的动作来攻击对手，防守动作也不是一味地躲闪，而是进行直接的格挡。

第十节　大学篮球课的教学现状与体能训练

"身体是革命的本钱"，在学习、工作当中，良好的身体素质是进行各种活动的基础，因此，我们首先应该拥有一个健康的身体。体育作为贯穿小学至大学的课程，应该在教学中得到很好的落实，以提高学生的身体素质，并为以后的工作奠定良好的身体基础。因此，作为新时代的大学生，在体育课程中应该积极地进行体育训练。

一、大学篮球课的教学现状

（一）课程设计不科学

目前，在一些大学篮球课的设置当中，依然遵循老套的设置规矩，并没有随着篮球项目的发展而进行改变和更新，进而导致在大学篮球课的课堂依然是教师教授给学生一些简单的运球以及投篮的相关技巧等，对学生专业性的训练有所缺失。

（二）教学模式陈旧

篮球课在教学中具有特殊性，它需要进行实训。虽然是实训课，但是教师在教学过程中也要采取有效的、适当的教学模式来教授学生相应的篮球技巧，以及如何提高自身的身体素质。只有这样，学生才能通过篮球课的学习使自身的体能得到增强，使自身的篮球运动水平得到提高。但是现实状态是在大学篮球课教学中，教师依旧采用传统的教学模式进行教学。通过这种学习模式，学生在篮球课中并没有学习到真正的技巧，体能也没有得到增强。因此，教学模式陈旧在大学篮球课教学中的问题依然严重。

二、优化大学篮球课中体能训练的教学对策

（一）重视体能训练，树立科学的体能训练理念

在大学篮球课教学中，体能素质对团队战术以及运动员的个人技能都有很大的影响。由此，教师应该在篮球课教学中注重对学生体能素质的培养。例如，在篮球课教学前先让学生慢跑几圈，一方面，可以做一下热身活动，防止在教学过程中身体出现拉伤等问题；另一方面，可以锻炼学生的跑步能力，帮助学生提高他们在球场上的运动耐力。此外，教师应该随时在篮球课当中穿插一些提高学生体能素质的训练，以帮助

学生奠定良好的身体基础。

（二）了解具体情况，制订有效的体能训练计划

每个学生的身体素质情况是不一样的，而篮球运动又对于学生的体能要求很高，因此，教师在进行体能训练之前要对学生的身体状况进行了解，结合学生的实际情况制订相应的体能训练计划。例如，有的学生本身的身体素质很好，就可以在热身运动后对学生开展与篮球运动相关的技能的传授；而对于体能素质较差的学生，首要教学是体能素质的提高训练，训练之后再进行相应的技能练习。

（三）采用适合的体能训练方式与技巧

1. 耐力训练

一场篮球比赛对运动员的体能消耗很大，因为除了篮球运动的高强度外，还有时间上的挑战。如果篮球运动员没有一个较强的耐力，是坚持不下来整场篮球比赛的。为了避免在比赛场上出现这种情况，在平时的篮球课教学中，教师就应该有针对性地对学生的耐力进行训练。

2. 速度训练

篮球比赛的球场上会出现不断变化的形势，而运动员需要针对形势的变化及时调整自己，把握机会，进而赢得比赛。因此，教师在平时的教学当中，还应该注意对学生速度的训练。

基于对大学篮球课的体能训练与教学现状的分析，在目前大学篮球

课的教学中确实存在一些问题需要解决，但是只要在教学中采取适当的、合理的教学方法和模式就可以改善大学篮球课的教学现状，从而使学生的体能以及篮球运动水平得到提高。

第四章　大学生体育训练能力培养

第一节　终身体育意识的培养

20 世纪 70 年代末，终身体育随着终身教育思想的出现而进入了人们的视野。《体育运动国际宪章》（1978 年）明确指出，要保证体育活动与运动实践得以贯穿每个人的一生。2007 年，我国开始面向全体学生实施"阳光体育运动""全民健身"和"健康中国 2030"国家战略层面的政策的制定，这需要我们用多种形式鼓励和促进学生终身体育锻炼习惯的养成。大学是与社会进行连接的"桥头堡"，是否有良好的生活习惯和锻炼意识，将直接影响学生步入社会之后的生活轨迹与锻炼行为。因此，有必要从大学体育课堂本身做起，促进学生强健体魄和良好习惯的形成，为造就社会主义人才提供有力保证。

一、终身体育的含义

所谓终身体育，主要是指人从出生、上学到就业、退休直至死亡的全过程中，始终从事体育活动。终身体育在未成年阶段是以被动要求为主的，在成年阶段则以主动参与为主。终身体育意识一旦形成，行为主体将会把体育当成自己生活的一部分，把体育锻炼放在与吃、穿、住、行同样重要的位置。

二、培养大学生终身体育意识的需要

（1）社会发展的需要。随着科技的发展，越来越多的社会人员利用科技和大脑进行工作，生活节奏快、工作压力大，人们逐渐地忽略了身体的重要作用，导致了各种社会"文明病"的蔓延。高血压、心脏病、脑出血等高危型疾病出现年轻化趋势。在这种情形下，如果没有健身的习惯，很容易得"文明病"，从而降低工作效率，影响工作甚至破坏组织结构和阻碍社会发展。

（2）家庭和谐的需要。电脑的普及化和信息的网络化，使得人们使用手机与电脑的频率增加，减少了家庭成员之间沟通和交流的机会，影响了家庭氛围。有意识地参与体育活动，能够促进家庭成员之间的交往、沟通和理解，消除隔阂和代沟。

（3）个人生存的需要。体育锻炼不仅可以促进大学生身体的生长发育，还可以提高学生的认知能力，调节他们的心理，释放压力，促进身心健康。通过体育锻炼与他人互动，可以提高学生的社会交往能力，形成不畏艰辛、团结合作、奋发图强的意志品质，以及优秀的道德品质和符合社会要求的行为习惯。

三、培养大学生终身体育意识的方法

（1）优化课堂教学模式。要从实际出发，结合教师和学生的特点，开设大学生喜闻乐见的体育项目，引发其对体育的学习兴趣；教师不仅要改革教学方法，还应该与时俱进，采用灵活的教学方式和现代化的教学模式，教会学生体育锻炼的科学知识，让学生学会锻炼方式，对于体能差、素质发展欠佳的个体要耐心指导，尊重个体差异。

（2）丰富课外体育活动。以班级为基本单位，结合年级、院系等形式，开展丰富多样的校园体育活动，如举办体育知识竞赛、篮球年级对抗赛等，打造校园体育氛围；结合微信、网络社交平台、海报、板报、广播等形式，建设校园体育文化，提高大学生参与体育锻炼的积极性。

（3）突出课余训练。采用课外体育俱乐部或业余训练代表队的形式，发展校园业余体育训练，提高学生的运动水平；吸引具有某方面运动特长或者身体素质突出的学生参与课余体育训练，以此为宣传的窗口，向大学生群体展示体育活动的魅力；发挥体育骨干在校园体育活动中的带头作用，带动更多的人参与课余体育活动。

（4）注重校园体育竞赛。发挥体育协会或俱乐部的优势举办各类单项赛事；以学校开展的面向全校师生的综合性体育运动会为基础，有选择性地参加校外各级别的比赛，扩大校园体育的影响力，增强大学生从事体育运动的归属感、荣誉感和自豪感。

四、大学生终身体育锻炼意识培养的条件

（1）学校政策的支持。在国家大力推崇学生终身体育锻炼意识培养的环境下，各高校应该根据自身的实际情况，制定出与学生挂钩的、具有现实可操作性的评价标准，促进学生积极参与课余锻炼。

（2）师资的保证。高校不仅要有足够数量的教师开展各类体育活动，还应该保证教师的教学水平能够胜任各项工作，引导学生积极参与锻炼，认识到体育锻炼的好处，体验到参与运动的乐趣。

（3）体育设施充足。要有充足的体育场地、器材、资金等，作为开展活动的保证。

第二节　网球教学与训练中的意识培养

社会经济的快速发展和教育体制改革进程的不断深化，为我国教育事业的可持续发展提供了重要契机与良好的社会环境。网球作为体育教学体系的重要组成部分，对学生运动能力的培养、肢体协调性的强化、良好心理素质的形成以及正确体育价值观的构建起着良好的推动与促进作用。其中，网球意识是运动员网球综合能力提升的基础和关键所在，通过运动员自身的运动技巧、肢体行动等得到最大限度的体现。如果学生或运动员能够具有良好的网球意识，则可以在网球比赛、日常运动过程中根据现场情况及时、准确地做出判断和回应，更好地发挥自身的网球技能优势。因此，在网球教学与训练中，通过各种方式培养学生的网球意识，成为相关研究人员亟待解决的重要课题。

一、网球意识的内涵及其组成部分

网球意识是运动员在实践运动过程中所形成的一种思维模式，它能够在遵循网球运动规律的基础之上对个体的网球运动行为进行有效调控，以此来进一步提高个体的网球运动综合能力。从本质上来说，网球意识是个体心理活动的重要表现形式，即个体在认知不断深入、能力逐步强化的过程中对客观情况所做出的反射性行为。网球比赛具有攻防兼收、变幻莫测、战况复杂、突发快速的综合性特征，这就要求网球运动员在比赛过程中能够根据赛场情况进行及时调控，以便保证自身行动、战略战术、思维等方面的融会贯通。

网球意识是个体主观意识形态的重要体现，在个体的思维模式之中由多个部分组成：第一，科学意识。运动员在网球运动专业技能的学习过程中，要精准掌握网球运动的客观规律，保证自身的行为活动、心理意识符合网球运动发展的客观规律。运动员通过不断强化专业理论能力来进一步指导自身的网球运动实践，实现理论与实践之间的有机融合。第二，运动意识。从盯球、移步、击球等方面来提高自身的运动技能，借助运动员运动意识的不断增强来对行为活动进行有效指导，以便保证自身技术水平得到有效提升。第三，辩证意识。在球场上当来球的路径发生变化时，运动员的打球动作也要随之变换。第四，战略战术意识。在实际训练和比赛过程中要及时制定与之相对应的战略战术，通过战略意识的融入来更好地指导网球运动的各个环节，以便达到事半功倍的良好效果。

二、在网球教学与训练中培养学生网球意识的必要性

在网球教学与训练中培养学生的网球意识，可以促使学生加深对网

球运动的理解，这对学生运动意识的强化、综合技能的提升、终身体育观念的形成具有至关重要的现实意义。

一方面，在网球教学与训练中培养学生的网球意识，符合当前网球运动发展形势的客观要求。网球作为我国体育项目中的重要组成部分，随着我国经济的发展它也得到了进一步的发展，对推动我国体育事业的发展做出了巨大贡献。但是就我国与西方发达国家的网球现状相比来说，我国的网球运动目前仍旧存在部分问题制约和影响着其水平的提升，如群众基础相对薄弱、网球运动项目的普及方式不合理、尚未覆盖到社会经济发展的各个环节等。同时，我国网球教育者及训练者的综合素养存在良莠不齐的现象，学生的网球运动意识和锻炼意识不足，进一步导致我国网球发展进程缓慢。面对此种状况，网球教学者要注重对学生网球意识的有效培养，保证学生将自身的思想意识更好地落实和践行在实际的网球运动之中。

另一方面，在网球教学与训练中培养学生的网球意识，是促进我国网球运动事业长足发展的重要举措。在"阳光体育"的背景形势之下，越来越多的人走出了室内来到阳光之下进行体育运动。网球也在为人民群众提供一种运动方式，在体育锻炼、项目开展、活动实施过程中提高自身的身体素质，实现心理素质和身体素质两方面的双重发展。现阶段，网球运动在我国社会经济发展中得到大范围的推广，与其自身的娱乐性、健康性、影响性等方面的特征有着紧密联系。在经济全球化和文化多元化的时代框架之下，人与人可以通过"网球"这一运动形式实现双方沟通交流的重要目的，以此来满足现阶段人民群众精神文化提升的客观需要。

这种内在驱动力，可以进一步促使我国网球事业得到全新发展，对我国网球综合能力的提升、体育竞争力的增强具有至关重要的现实意义。

三、网球教学与训练中的意识培养途径

（一）行为与意识相互统一

要注重学生网球技能行为与自身思想意识之间的有机统一，通过这种方式来进一步提高学生的网球综合能力，从而为网球教学与训练中学生自身意识的有效培养奠定基础。在网球训练过程中，学生应该积极主动地投入网球运动状态，将自己的全部注意力集中在网球运动环节，对来球、击球等进行细致的观察，实现两者的融会贯通。在网球运动开展过程中如果学生已经感觉到网球的球拍与自身的手臂"连"在一起，而不再是两个独立的体系时，则说明行动与意识达到了融合状态。对此，教师在网球技巧讲解过程中，要对网球的运动要领、技术要点、动作细节等进行着重讲解，并在此基础之上，为学生分析如此运动的原因，以便学生在训练或者比赛过程中能够熟练掌握网球的运动技巧，更好地提高自身在跑位、移动等方面的运动水平。

（二）设置目标，激发意愿

教育者或训练者要以网球运动为基础，对教学目标及训练方案进行优化设计，通过行之有效的策略来进一步激发学生的网球训练意愿，从而促使学生提高自身的网球运动水平。目标的设置可以使学生心甘情愿地接

受训练过程中的艰辛，并且在伤痛发生时可以保持乐观向上的思想态度，迎面困难、勇往直前。对此，教师要逐步引导学生树立正确的网球运动目标，保证目标的行之有效、真实清晰、客观现实，为学生网球行为活动的规范化发展做出科学引导，保证目标方向与行动方向的一致性。教师要充分发挥自身的引导与启发作用，针对不同学生采取不同的教学方案。教师要鼓励学生对自我有一个清晰、客观的认识，在此基础上制定近期可以实现的短期目标，并通过短期目标的完成带领学生逐步朝着长期目标的方向前进。比如，在训练中将自己正手击球的成功率由此前的 50% 提升到 60%，借助这种具体目标设置的方式可以提高学生的操作能力，帮助学生建立网球运动的自信心。

（三）加强对学生互动意识的培养

教育者要加强对学生互动意识的培养，加强教师与学生、学生与学生之间的有效交流，促使学生积极转变自身的网球学习理念，实现学生网球综合能力全面发展的重要目标。同时，要逐步提高学生对来球的预判能力，在训练过程中提高反应速度，以便在网球比赛进行中根据赛场的情况进行及时、有效的预判，通过思想意识的传动对学生的网球行动进行有效的调控与支配，提升临场反应能力。对此，教师在网球教学过程中要对传统教学模式进行创新和改良，改变灌输式的教学方式，保证教学方案的制定具有一定的创新性和目标性，能够对学生互动意识的形成起到良好的推动与促进作用。同时，教育者要构建情境教学模式，促使学生在沟通交流过程中加强对网球专业技能的有效了解，以便积极主动地学习，提高学生的网球训练质量。此外，还可以培养学生的集体意识、创新能力和思维意识。

（四）注重意识品质的深入强化

教育者应注重对学生意识品质的不断强化，培养学生坚韧不拔的运动精神、百折不挠的奋斗意识，通过学生自身心理素质的高效提升来促使其以一种饱满向上的心态进入赛场，使自身的网球技能得到淋漓尽致的发挥，甚至超常发挥。一方面，教师要根据学生的实际情况及训练特点制定有针对性的教学方案，在生本教学思想的指导基础上为学生安排相应的文化理论课程学习，让学生明确网球运动的规律、本质内涵、战术方法、应用技能等，并通过多种渠道和方式加深学生对网球文化知识的理解，如课后练习、随堂测验等。与此同时，在训练过程中加强其他领域文化内容的相应学习，如运动心理学、裁判法等，以便提高学生运动的综合素养。另一方面，要加强对学生心理方面的有效训练，培养学生的健全人格，使学生通过战术的不断学习促使其强化自身的网球运动意识；借助认知训练、意志训练、心理调整训练等方式，使学生的心理素质进入一个全新的发展阶段，为学生网球意识的培养奠定基础。

（五）加强对学生战术意识和能力的强化训练

教育者应加强对学生战术意识和能力的训练，巩固学生基本的网球能力、运动技巧，并且在日常训练过程中勤加练习，制定有针对性的战略战术，以便在网球比赛过程中处于有利地位。教师要引导学生重视网球基础战术的科学训练，逐步提高学生战术基础的掌握能力和运用水平，主要包括两方面的内容，分别是个人战术和集体战术。也只有这样，学生才能够掌握更为全面的、科学的网球战术意识，并能够根据赛场上的客观形势及时调整自身的网球战术。同时，在教学过程中教师要开展有针对性的战术专项训练，对学生的战术能力进行相应的培养，保证各项教学方案有的放矢。此外，教师应通过团体训练的有效强化进一步提高学生的战术综合能力，充分抓住网球比赛的互动性特点，为学生创设与网球比赛相对应的教学环节，以便提高学生的预判能力、应对能力，加快学生网球意识的培养进程。

综上所述，网球意识来源于学生的实践训练、比赛活动。对此，在网球教学和日常训练过程中，教师要注重对学生网球意识的科学培养，通过一系列有效的教学方案、细化训练、实践活动来不断提高学生的综合能力，优化学生的认知结构，增强学生的网球意识。

第三节　排球教学训练中合作精神的培养

一支优秀的排球队，仅仅个人具有优异的表现是不够的，个人在技战术方面具有再高的水平也是不够的，还需要具有良好的合作意识、合作精神和合作能力，否则队员无法协同配合，很难获得比赛的胜利。排球教学训练中的合作精神旨在培养学生间相互关切的意识与密切配合的默契。合作与竞争是相辅相成的，在培养学生良好合作精神的同时，也要让他们清楚地认识到排球运动的竞争性，让他们紧密合作和公平竞争。在合作精神培养的过程中可以强化他们的心理体验，进一步培养他们的心理调整能力，锻炼他们的心理承受能力；在班级排球赛、小组排球赛等比赛中让他们的技战术得到锻炼，从而摆正比赛心态，树立集体荣誉感。另外，可以根据学生的意识、体质、技术等差异，采用科学的训练方法，让他们在合作学习与比赛竞争中去提高自身训练的决心和信心。

一、树立团结合作的意识

排球教学训练要紧密围绕团结合作意识和精神的培养来开展，无论教师还是学生都要树立高度的团结合作意识，促进团结合作意识全面渗透到排球教学训练中。在排球教学训练中，要开展小团体训练模式，小团体的作用与整体训练的目标是相同的，与整个球队的目标也保持高度的一致性。在小团体中，教师可以更好地挖掘每个学生的潜能，加强对他们身体素质、思想认识、技战术以及其他方面的观察，排除训练中学生在思想认识上的各种障碍，让他们的自觉性、主动性、学习性在团体中得到锻炼。当然，教师要加强对这些小团体的信念与价值观教育，促使不同的小团体成为"竞争对手"和合作对象，让他们与不同的小团体进行竞争与合作，培养他们的竞争与合作意识。此外，在排球训练中，无论是传球还是跑动，教师都要明确小团体的整体作战意图，加强学生的行为规范，通过竞赛模式不断向学生灌输团队精神，从而树立大局意识来提高整体的训练效果。

二、增强教师的情感投入

球队本身就是一个集体，对学生合作精神的培养需要教师去设计和组织，需要通过教师将每只手凝聚在一起形成一个"拳头"，形成球队的凝聚力和战斗力。因此，教师在排球教学训练中起着至关重要的作用。球队合作精神的培养，是建立在教师、学生以及其他管理者高度融洽与沟通上的。教师在教学训练中要投入情感，加大对学生意见的倾听力度，确保与学生之间保持积极的沟通，从而在帮助学生解决一些实际问题的同时，真正成为他们的良师益友。

三、制定科学的规章制度与方法

教师要与学生共同商量制定训练的规章制度，在训练中无论是谁不配合训练，违反团队合作精神，就依照章程内容进行相应的处罚。在具体的可操作性的规章制度中，教师要让学生对合作精神具有一个清晰的、稳固的认知，将合作精神转换为他们的规范意识，这就形成了一个球队高度的组织性、纪律性和特有的精神，这也是保障排球教学训练合作精神培养的重要基础。另外，要建立健全合作精神培养机制。首先，建立目标教学法机制，紧密结合学生的实际情况、接受能力、年龄特征、心理与生理特点、技战术水平、个人认知水平等，分阶段、分内容地设立不同的训练目标，有计划、有意识地培养他们的合作精神；其次，建立表扬鼓励法机制，对于优秀学生给予充分的肯定，用掌声、语言、行动鼓励他，并带动团队顽强拼搏、努力训练。

排球运动作为一项对抗性和趣味性较强的运动，既对学生的合作意识、合作精神、合作能力的要求较高，也对他们的竞争意识和态度具有极高的要求。在加强学生合作精神培养的同时，可以利用游戏竞赛法、共同目标法、小团体合作法、表扬鼓励法等多种方法辅助训练，但更重要的是加强学生对合作精神的认识，从而为排球教学训练的合作精神培养提供可操作的教学模式。

第四节　羽毛球教学训练中创新能力的培养

在我国，羽毛球是非常流行的一项运动。在国际大赛上，我国的羽毛球健儿获得了很多大赛的冠军。另外，因为羽毛球运动所需要的场地不大，很多人将其作为一种重要的休闲和娱乐方式。为了提高羽毛球运动水平，要加强羽毛球教学训练过程中的创新能力的培养，完善羽毛球训练培养体系。

一、因材施教，重视羽毛球训练教学方法的创新

要想提高学生的运动水平，教师训练方法的改善和创新是非常重要的。在进行羽毛球训练的过程中一定要对教学方法和手段进行创新，有效地完善羽毛球训练教学体系。首先，需要对学生的情况进行分析，主要了解学生的承受能力、体质和年龄。依照学生的具体情况合理编排训练科目和内容。比如，如果学生的肌肉爆发力较弱，可以对肌肉爆发力进行专

项训练，选择一些短时间、小负荷的训练内容。如果想提高学生的耐力，需要选择一些长时间、大负荷的训练；在完成训练之后一定要合理配置一些恢复性的内容，比如补充营养、加强肌肉拉伸等。如果想练肌肉，需要采取一些中途休息时间较短的大负荷训练。其次，对于一些初学者，不能进行较大的体能训练，一定要重视提升其体质，跑步是一个较好的方法；而有一定基础的学生则可以适当地使用大量体能训练的方式进行训练。

另外，羽毛球运动的技术性很强，一定要注意步法的练习，这样才能更好地使之掌握击球动作的细节。在训练过程中要注重教学方法的多样性。首先，可以利用多媒体让学生观看三维动图，通过直观的场景让学生感受羽毛球的步法和动作，从而更好地理解与记忆，也可以观看一些羽毛球纪录片让学生了解羽毛球比赛规则；其次，可以分组分层次地进行教学，熟悉球型和基本步法；最后，多示范少讲解，教师在教学中要从多个示范面让学生看清动作。

二、重视心理和生理相结合的教学方法，锻炼学生的意志品质

羽毛球的教学训练一定要与教学心理学相融合，关注学生在训练过程中的心理变化，并依照实际情况有针对性地采取训练方法。作为羽毛球教师，一定要充分地了解和掌握教育心理学的相关内容和知识，在教育心理学的帮助下，对不同学生的特点进行分析后采取有针对性的专业训练指导，因材施教，有效提升学生的专业技能。

三、积极借鉴教学经验，提高训练方法

教师在教学的过程中还需要相互借鉴，有效提升训练的方法。不管是理论教学还是具体的训练内容，各个体育项目都具有一定的相似性。所以，教师在教学的过程中，还需要重视对羽毛球教学训练内容进行提炼，和其他体育项目的训练方法进行比较，相互补充，并对训练方法和手段进行总结，不断调整和创新，形成科学的训练方案，让羽毛球训练的方式得到进一步的改进。在羽毛球教学过程中可能会出现一些复杂的训练动作，教师一定要有效地控制和调节训练的节奏。另外，教师可以组织相关学生观看羽毛球比赛的录像，与实际教学相结合，对羽毛球训练过程中的相关动作进行讲解，让学生的技术能力得到进一步提高。

总而言之，教师要对羽毛球教育训练的创新能力进行培养。首先，需要提高自身的教学水平；其次，要有组织、有针对性地进行多元化的教学比赛，在教学和训练的过程中，不断地激发学生的创新能力，提升学生的专业技能，为我国羽毛球运动的专业化发展助力。

第五节　体育舞蹈教学中美感的训练及培养

近年来，随着高校体育舞蹈教学的广泛开展，健康的生活理念受到人们的广泛关注，全民运动的深入也在逐渐普及化。体育舞蹈作为一项综合性艺术，包括体育健美、舞台艺术及舞蹈美感等要素，因其高艺术性与形

式体态美而备受青睐。行云流水的动作、雅致柔美的形态、美妙动听的音乐、精致吸睛的服饰是体育舞蹈美感的核心要素，如何提升学生的艺术审美，塑造美感，并将美感具象化，是体育舞蹈教学的焦点。这就要求专业教师在体育舞蹈教学中，正确认识、深入挖掘、充分展示体育舞蹈的美感，强化学生美感的训练，培养学生的审美能力。

一、体育舞蹈教学中美感形成的决定要素

（一）良好的身体素质

体育舞蹈表演因其高技术、高技巧性，对表演者的要求也颇为严格，需要将自己对舞蹈艺术的理解表达与情感寄托融入动作形态中，踩着音乐节奏，平衡表情与姿态，协调地完成艺术创作。良好的身体素质是规范性动作的前提，这些也是表演者在舞台演出时能够进行高质量艺术创作的根本性保障。

（二）优良的音乐素养

音乐是舞蹈艺术创作的灵魂，一个优秀的表演者若想将自身融入音乐之中，成为音乐的一部分，在音乐律动下完美展示舞蹈的艺术魅力，就需要拥有良好的音乐素养，较强的音乐鉴赏能力，对音乐有着自己的认识和情感表达，表演时能够掌握舞蹈动作的快慢变化，把控旋律节奏的起承转合、抑扬顿挫，这样才能使舞蹈更具张力、活力和生命力。

（三）出色的审美能力

表演者的审美决定着体育舞蹈艺术创作的方向和效果。体育舞蹈中动作与音乐的协调一致、舞蹈服饰与舞者气质的契合互融都需要很强的审美能力。由此可见，出色的审美能力对一个优秀的表演者、一场体育舞蹈艺术创作来说何其重要。

二、体育舞蹈教学中美感训练的培养策略

（一）规范基础动作

动作是体育舞蹈表演美感的最为直接的体现。若是舞蹈形体动作不标准、不规范，何以谈艺术，称美感。可以说，动作规范是追求美感的必要条件，只有动作规范了，才能在追求美感的艺术道路上不断深入。也就是说，要想练好体育舞蹈，就得强化基本功训练，保证每一个舞蹈动作都能规范、标准。虽然初阶动作需要大量重复的练习，无比枯燥乏味，却极其重要，需要学习者全身心投入，勤学苦练，做到每一个站姿、举手投足之间都很优美，把控好动作细节，将规范动作向美感层次升华。

（二）强化形体塑造

形体美是学习并练好体育舞蹈的先决要素。一个优秀的体育舞蹈表演者，会以高标准要求自己，塑造好自身形体。那么，如何通过形体训练塑造舞者形体呢？一方面，要提高身体柔韧度，可以针对不同身体部位，如腿、肩、腰等，实施侧重性、不同程度的韧度训练，并根据实际情况

渐进式增加频率和幅度，以此提高身体的柔韧性；另一方面，如果个人力量不足，会对舞蹈动作顺畅度与活力、张力产生一定的限制，所以要通过对姿态、动作等力量控制训练来提升身体的核心力量。

（三）培养舞蹈乐感

在舞蹈表演中，舞步与音乐是具有协同合拍、和谐一致关系的，所以乐感培养在体育舞蹈教学中不可或缺。如果舞蹈乐感不好，即使形体塑造得很完美、基础动作练得很规范，在体育舞蹈表演时舞者仍然无法收放自如，难以和谐统一，就会出现动作别扭或是不连贯的情况。这种情况在高校舞蹈学习中很普遍，也很常见。故而，教师应该循序渐进地指导学生赏析音乐：首先，让学生理解音乐节拍规律、节奏调性，建立起音乐节奏感；其次，试着调动其情绪和感受，随着音乐律动，达到动作与音乐的和谐统一；最后，激发出学生的内心情感，引导学生将心贴近音乐，专心聆听音乐，用心感受音乐，加深学生对音乐的理解和认识，深化学生的乐感培养。

（四）精通服饰搭配

如何选择服饰，合理搭配，让服饰与表演者形体、艺术气质相契合，展现美感，也是体育舞蹈教学中尤为重要的一门课程。如果学生对这方面接触较少，未能有较为全面的了解，就要求教师深层次地了解体育舞蹈服饰的发展并熟知服饰选择及搭配的含义，再对学生详细地介绍服饰文化，讲解选择及搭配的要点，如以气质为据搭服饰，非正式场合要得体，庄重场合要华丽。

体育舞蹈教学中的美感不是一朝一夕就能形成的，也不是靠一两次讲解、训练就能一蹴而就的。这需要深知其决定要素，要从规范动作、形体塑造、乐感培养、服饰搭配等层面上着力，高标准要求，细微处着手，常备不懈，才能在体育舞蹈表演中深刻体验舞蹈的活力、张力和生命力，从而真正领悟体育舞蹈的真谛。

第六节　训练营与休闲体育专业学生核心能力的培养

一、休闲体育专业核心能力的确定

大学生核心能力，是相对于其他学生凸显自身优势的能力，是其各种能力素质中最具特色、最强有力的部分。它是在一般能力基础上加以提炼和提升后形成的，支撑大学生现在甚至将来的竞争优势，并使大学生长时间在竞争环境中能取得主动权的能力。学生核心能力的形成与该专业的人才培养目标紧密相连。

在论及休闲体育专业的培养目标时，国内各校大同小异，但对毕业生能力的要求相对比较模糊。以最早开设该专业的武汉体育学院为例，该校休闲体育专业的特色在于培养既具有较强休闲体育运动技能、能够从事休闲体育运动指导与训练，又系统掌握管理、经济等方面的基础知识，能够从事休闲体育经营与管理的应用型人才。开设文化传播、户外运动、健身指导三个专业模块的艺术类院校河北传媒学院则旨在培养能够掌握休闲体育的基本理论、知识与技能，拥有休闲运动项目专长，具备把握休闲体育活动规律和洞悉休闲体育市场能力，能够从事休闲体育活动管理指导与推广、体育旅游与开发、休闲体育产品策划与设计、相关专业教育教学等工作的应用型人才。传统师范院校淮南师范学院旨在培养具有休闲体育活动实践指导、健身俱乐部经营管理、休闲体育活动组织策划和休闲体育教学培训等能力，具有高度社会责任感和重实践创新的高素质应用型人才。地方院校的培养方向则更加广泛，常州大学期望毕业生可在与休闲体育相关的企业、政府或公益机构、休闲体育事业机构、大型国有企业等单位就业，培养具有集组织管理、实际运作、开拓创新于一体的休闲体育的领军人才。

根据上述关于休闲体育专业就业能力的要求，休闲体育专业的学生至少应该具备三个层面的能力：技术层面，掌握熟练的运动技能，可以胜任大众健身等休闲体育运动的指导；管理层面，具备扎实的组织管理能力，可以从事活动的组织管理以及活动场所的运营管理；理论层面，要具有一定的理论积淀，可以胜任新产品的策划和研究工作。

二、休闲体育专业训练营开设的必要性

训练营是为达到一定目的而集中开设的短期强化课程。在社会知识快速更新的背景下，越来越多的课程采取训练营模式，如社会上热度不减的减肥训练营、口语训练营等。而休闲体育专业开设系列训练营，是与其专业人才培养紧密结合的。

休闲运动是在社会快速发展中兴起的，也会在社会的进一步发展中进一步丰富。当前不少院校开设的高尔夫、户外旅游、健身健美等都是近年来社会关注度和开展程度比较高的运动项目。一些有条件的院校则已经开展了皮划艇、帆船等水上项目。我国当前处于社会转型时期，休闲体育项目的基础设施、参与人数、更新发展速度都是空前的，一些新的休闲运动项目也正在兴起。从发达国家的经验来看，随着人口老龄化的推进，老年健身项目一定会成为社会的关注热点，但目前我国国内还鲜有高校涉及，可见休闲体育项目具有广阔的发展空间。

休闲运动技能是休闲体育专业学生就业的根本与保证，也是其能否立足于休闲体育产业市场的关键所在。休闲体育产业市场竞争瞬息万变，扎实娴熟的休闲运动技能是其立于不败之地的重要保障。但无论当前学校开设何种项目，都不可能穷尽社会所需要的体育休闲运动项目，在现有的教学大纲内也不可能为学生提供如此多样化的选择。而在社会上，休闲运动一般是高薪阶层的活动，社会培训机构动辄上万元的培训让不少学生望而却步。此时，通过训练营的模式让学生学会项目的入门，让其以后自行摸索进步，成为比较合适的补充选择。

三、"训练营"的设计与实施

如前所述，休闲体育专业学生需要掌握熟练运动技能、具备扎实的组织管理能力、具备新产品的研发能力三项核心能力。根据学生特点及每一阶段的不同任务，笔者设计了不同类型的训练营。

（一）大学一年级

大学一年级的学生对自己、对未来充满了信心。一方面，他们是各种校园文化活动的参与主体，给校园注入了无限的生机；另一方面，面对新的环境、新的同学、新的教师，他们会表现出明显的不适应性，这包括对环境和学习的不适应。为此，独立能力的培养是这时的重点和难点，尤其是独立学习能力的培养。大一的学生，思想上处于最活跃的时期，同时也是最脆弱的时期。绝大部分的学生对未来目标的确定是比较模糊的，但这也恰好体现出他们具有很强的可塑性。

这一阶段训练营的目的在于重点培养学生的独立生活能力，逐步剥离他们对家庭的依赖感；引导学生寻找适合自己的学习方法，养成良好的学习习惯，激发其专业学习的信心；初步确立专业规划目标。可配套进行的训练营包括激发学生热爱生命、感恩父母的生命教育成长训练营，培养学生学习能力的新生学习力训练营，适应大学生活的新生适应训练营，学习与人沟通的人际交往训练营，认识专业的休闲常识的训练营等。

（二）大学二年级

大学二年级的学生已基本适应了大学的学习特点，有一定的自学能力，开始较多地接触专业理论的学习。随着大学生活神秘感的消失，他们更关注自己的目标，主观性很强，但对很多问题欠缺缜密的考虑，常表现出一种年轻人常有的冲动及"三分钟热度"，这一点在休闲体育专业学生身上特别明显。随着学习的深入，部分学生对越来越多的运动项目感兴趣，但又不知从何下手；部分学生开始觉得专业学习无所谓，自己将来也不从事与此相关的职业。

这一时期的训练营应以引导学生全面掌握基础理论为主，结合休闲体育专业的特点，让学生在当前流行的体育项目中找出 1 ~ 2 个感兴趣的项目。同时，开展有创意的活动，激发学生的创新意识，让其对专业有更为深入的了解。可以配套进行的训练营包括旨在让学生学会自我管理的时间管理训练营、培养学生基本领导力的领导力训练营、培养学生水上运动兴趣的泛舟训练营等各种与专业相关的训练营项目。

（三）大学三、四年级

大学三年级是承上启下的一年，学生的思想日趋稳定，对今后的规划也有了大致的方向。大三学生应根据自己的兴趣、爱好以及所掌握的理论基础确定自己在众多专业技能课程中可以在未来发展的"突破口"，进而有针对性地培养自己的职业素养和职业能力。可以配套进行的训练营有职场训练营、礼仪养成训练营、让学生学会自我情绪管理的情绪管理训练营、增进国学知识的传统文化训练营、了解西方文化常识的西方文化起源训练营、训练初步科研能力的学术训练营等。

大四学生的行为和思想基本定型，此时的核心任务是就业或深造。因此，学校的教学重点是岗前培训和创业创新训练，引导学生充分客观地认识自己，把进入社会之前该补的知识补回来。可以配套进行的训练营包括职业规划训练营、社会适应训练营、创新能力训练营等。

四、目标意义

训练营是短期的、灵活的，可以根据受训者的时间和受训内容做必要调整。采用这一形式，可以将需要掌握但又不能尽数容纳的个性课程、人文通识课程以训练营的形式展现出来，是一种有益的教学补充和探索。同时，训练营模式将选择权还给学生，让学生带着兴趣去学习，必然会提高其对自身的关注，进而达到促进核心能力培养的目的。

参考文献

[1] 曲宗湖，杨文轩.学校体育教学探究 [M].北京：人民体育出版社，2000.

[2] 李元伟.科技与体育：关于新世纪体育科学技术发展问题 [J].中国体育科技，2002（6）：3—8.

[3] 徐本立.运动训练学 [M].济南：山东教育出版社，1990.

[4] 王智慧，王国艳.体育科技与体育伦理辨析 [J].体育文化导刊，2016（6）：146—148.

[5] 曹庆雷，李小兰.前沿科技与体育 [J].山东体育科技，2004（1）：37—38.

[6] 董传升."科技奥运"的困境与消解 [M].沈阳：东北大学出版社，2004.

[7] 张朋，阿英嘎.科技与体育的对话：利弊述评 [J].福建体育科技，2015（4）：1—3.

[8] 谢丽.从奥运会比赛成绩看运动器材的变化 [J].体育文史（北京），2000（4）：52—53.

[9] 杜利军.奥林匹克运动与现代科学技术 [J].中国体育科技，2001（3）：6.

[10] 于涛. 从哲学角度再认识身体对揭示体育本质的意义 [J]. 上海体育学院学报, 2008（3）：18—20.

[11] 张洪潭. 体育的概念、术语、定义之解说立论 [J]. 西安体育学院学报, 2006（4）：1—6.

[12] 张庭华. 走出体育语言：从语言学界的共识看媒体体育语言现象 [J]. 体育文化导刊, 2007（7）：50—53.

[13] 黄聚云. 从哲学角度再认识身体对揭示体育本质的意义 [J]. 上海体育学院学报, 2008（1）：1—8.

[14] 爱德华·萨丕尔. 语言论 [M]. 北京：商务印书馆, 1985.

[15] 于涛. 体育哲学研究 [M]. 北京：北京体育大学出版社, 2009.

[16] 董文秀. 体育英语 [M]. 北京：人民体育出版社, 2009.

[17] 伊恩·罗伯逊. 社会学（下）[M]. 北京：商务印书馆, 1991.

[18] 汪寿松. 论城市文化与城市文化建设 [J]. 南方论丛, 2006（3）：101.

[19] 帕克·R.E. 城市社会学 [M]. 北京：华夏出版社, 1987.

[20] 乔尔·科特金. 全球城市史 [M]. 北京：社会科学文献出版社, 2006.

[21] 卢元镇. 体育社会学 [M]. 北京：高等教育出版社, 2001.

[22] 乔治·维加雷洛. 从古老的游戏到体育表演 [M]. 北京：中国人民大学出版社, 2007.

[23] 王祥荣. 生态与环境：生态可持续发展与生态环境调控新论 [M].

南京：东南大学出版社，2000.

[24] 郑杭生 . 体育学概论新编 [M]. 北京：中国人民大学出版社，1987.

[25] 周爱光 . 体育本质的逻辑学思考 [J]. 武汉体育学院学报，1999（2）：19—21.

[26] 熊斗寅 . "体育" 概念的整体性与本土化思考：兼与韩丹等同志商榷 [J]. 体育与科学，2004（2）：8—12.

[27] 王春燕，潘绍伟 . 体育为何而存在：20 世纪 80 年代以来我国体育本质研究综述 [J]. 体育文化导刊，2006（7）：46—48.

[28] 宋震昊 . "体育" 本体论（二）：体育概念批判 [J]. 南京体育学院学报：社会科学版，2006（3）：1—6.

[29] 胡科，虞重干 . 真义体育的体育争议 [J]. 南京体育学院学报：社会科学版，2010（4）：59—62.

[30] 何维民，苏义民 . "体育" 概念的梳理及匡正 [J]. 武汉体育学院学报，2011（3）：5—10.